主　编：陈　恒

光启文库

光启青年

光启文库

光启随笔　　光启讲坛

光启学术　　光启读本

光启通识　　光启译丛

光启口述　　**光启青年**

主　编：陈　恒

学术支持：上海师范大学光启国际学者中心

策划统筹：鲍静静
责任编辑：焦汉丰

光启文库

希腊与东方

文明交流与互鉴

李永斌 著

商务印书馆
The Commercial Press

图书在版编目（CIP）数据

希腊与东方：文明交流与互鉴 / 李永斌著. —— 北京：商务印书馆，2023
（光启文库）
ISBN 978 - 7 - 100 - 22051 - 4

Ⅰ.①希⋯　Ⅱ.①李⋯　Ⅲ.①文化交流 — 文化史 — 古希腊、东方国家　Ⅳ.①K125②K3

中国国家版本馆 CIP 数据核字（2023）第036735号

权利保留，侵权必究。

希 腊 与 东 方
文明交流与互鉴
李永斌　著

商 务 印 书 馆 出 版
（北京王府井大街36号 邮政编码 100710）
商 务 印 书 馆 发 行
苏州市越洋印刷有限公司印刷
ISBN 978 - 7 - 100 - 22051 - 4

2023年6月第1版	开本 640×960　1/16	
2023年6月第1次印刷	印张 13	

定价：78.00元

出版前言

梁启超在《清代学术概论》中认为,"自明徐光启、李之藻等广译算学、天文、水利诸书,为欧籍入中国之始,前清学术,颇蒙其影响"。梁任公把以徐光启(1562—1633)为代表追求"西学"的学术思潮,看作中国近代思想的开端。自徐光启以降数代学人,立足中华文化,承续学术传统,致力中西交流,展开文明互鉴,在江南地区开创出海纳百川的新局面,也遥遥开启了上海作为近现代东西交流、学术出版的中心地位。有鉴于此,我们秉承徐光启的精神遗产,发扬其经世致用、开放交流的学术理念,创设"光启文库"。

文库分光启随笔、光启学术、光启通识、光启讲坛、光启读本、光启译丛、光启口述、光启青年等系列。文库致力于构筑优秀学术人才集聚的高地、思想自由交流碰撞的平台,展示当代学术研究的成果,大力引介国外学术精品。如此,我们既可在自身文化中汲取养分,又能以高水准的海外成果丰富中华文化的内涵。

文库推重"经世致用",即注重文化的学术性和实用性,既促进学术价值的彰显,又推动现实关怀的呈现。文库以学术为第一要义,所选著作务求思想深刻、视角新颖、学养深厚;同时也注重实用,收录学术性与普及性皆佳、研究性与教学性兼顾、传承性与创新性俱备的优秀著作。以此,关注并回应重要时代议题与思想命题,推动中华文化的创造性转化与创新性发展,在与国外学术的交流对话中,努力打造和呈现具有中国特色的价值观念、思想文化及话语体系,为夯实文化软实力的根基贡献绵薄之力。

文库推动"东西交流",即注重文化的引入与输出,促进双向的碰撞与沟通,既借鉴西方文化,也传播中国声音,并希冀在交流中催生更绚烂的精神成果。文库着力收录西方古今智慧经典和学术前沿成果,推动其在国内的译介与出版;同时也致力收录汉语世界优秀专著,促进其影响力的提升,发挥更大的文化效用;此外,还将整理汇编海内外学者具有学术性、思想性的随笔、讲演、访谈等,建构思想操练和精神对话的空间。

我们深知,无论是推动文化的经世致用,还是促进思想的东西交流,本文库所能贡献的仅为涓埃之力。但若能成为一脉细流,汇入中华文化发展与复兴的时代潮流,便正是秉承光启精神,不负历史使命之职。

文库创建伊始,事务千头万绪,未来也任重道远。本文库涵盖文学、历史、哲学、艺术、宗教、民俗等诸多人文学科,需要不同学科背景的学者通力合作。本文库综合著、译、编于一体,也需要多方助力协调。总之,文库的顺利推进绝非仅靠一己之力所能达成,实需相关机构、学者的鼎力襄助。谨此就教于大方之家,并致诚挚谢意。

清代学者阮元曾高度评价徐光启的贡献,"自利玛窦东来,得其天文数学之传者,光启为最深。……近今言甄明西学者,必称光启"。追慕先贤,知往鉴今,希望通过"光启文库"的工作,搭建东西文化会通的坚实平台,矗起当代中国学术高原的瞩目高峰,以学术的方式阐释中国、理解世界,让阅读与思索弥漫于我们的精神家园。

上海师范大学光启国际学者中心
2020年3月

目录

"东方"与"西方"二分法的历史渊源（代绪论）   1

一、"东方"与"西方"概念的由来及其历史演变   1
二、西方与东方在观念上和事实上的对立，
    以及这种对立在思想界的反映   2
三、"东方"与"西方"的二元对立，实际上反映了
    自古希腊人以来，西方人对自我与他者的认识   4

第一章   古代文明交流研究的范式转变   7

第一节   比较研究—地中海共同体—网络理论   7
第二节   不同历史学家笔下的"地中海共同体"   12
第三节   作为一种研究范式的"地中海共同体"   17

第二章   早期希腊与埃及和腓尼基的文明交流   21

第一节   早期希腊史研究的转向——大传统与大鸿沟   22
第二节   迈锡尼时期希腊与埃及的物质文明交流   24
第三节   腓尼基人是希腊人的老师？   37

第三章　文明交流与希腊城邦的兴起　51

第一节　希腊城邦兴起的几种理论及其转向　52
第二节　殖民运动与希腊城邦的兴起　65

第四章　荷马史诗与古代东方文学传统　85

第一节　荷马史诗中的"宙斯受骗"与古代东方文学传统　85
第二节　比较研究和"地中海共同体"视域中的荷马与东方　91

第五章　希腊宗教中的东方元素　95

第一节　阿波罗神名与神职中的东方元素　96
第二节　阿波罗相关祭仪和节日中的东方元素　99
第三节　阿波罗相关节日中的东方元素　102

第六章　希腊与东方文明的交汇　107

第一节　阿尔米纳的发掘与相关研究　107
第二节　希腊文明与东方文明在阿尔米纳的交汇　113

第七章　古希腊"东方化革命"的现代想象　119

第一节　"东方化革命"的提出及学界的阐释　119

第二节　东方化—东方化时代—东方化革命　　126
第三节　"东方化革命"的史实基础及其想象　　130
第四节　古典学与东方学的碰撞:"东方化革命"的现代想象　　144

附　录　《希腊拉丁作家远东古文献辑录》
　　　　关于丝的记载及相关古希腊文献补遗　　151

一、《希腊拉丁作家远东古文献辑录》关于丝的记载　　152
二、古希腊文献中关于丝的记载　　157
三、中国丝绸到达古代希腊的时间和阶段　　163
结　语　　171

参考文献　　173
后　记　　193

"东方"与"西方"二分法的历史渊源
（代绪论）

21世纪以来，"东方"与"西方"的二元对立主题愈发明显。在这样的背景下，出版一本研究希腊与东方文明交流互鉴的书，有两个问题需要阐明。第一，要厘清这种二元对立的历史渊源；第二，要厘清这一话语体系出现之前希腊文明与东方文明交流互鉴的历史发展过程。本书的主要内容基本上是在解决第二个问题。关于第一个问题，我曾经在《光明日报》发表过一篇短文，因此放在这里作为代绪论。

一、"东方"与"西方"概念的由来及其历史演变

许多现代语源学研究者将"东方""西方"两个词的词源上溯到腓尼基人传说中的卡德摩斯（Kadmos）和欧罗巴（Europa），甚至更为久远的闪米特语中的某些词汇。但是词源学的研究毕竟与历史学的研究有所区别，很多词源学的研究是需要靠建构联系来解释的，而历史学的研究主要是从既定事实出发来阐述问题。因此，本文所涉及的"东方"与"西方"的概念，要比词源学研究中的起源晚得多。"东方"（英文：Orient）一词来源于拉丁语Oriens，字面意思是"升起"，指太阳升起的方向或地

方。"西方"（英文：Occident）一词来源于拉丁语Occidens，指太阳落下的方向或地方。在罗马帝国晚期，一些历史著作开始用这两个词来指称罗马帝国的东部分和西部分，不过东西罗马帝国的分界线大致是以亚平宁半岛最东端划一条直线，所以现代西方人所认为的西方文明的源头希腊在这个分界线中实际上处于东部。后来，天主教会进一步采用这两个词汇，来区分西部的天主教和东部的东正教（在天主教看来当然是"异端"了）。但是这个方位要更往西去了，实际上是以罗马城为中心划分了一个坐标，罗马城以西和以北的范围（包括整个西欧地区）都被认为是西部教会的区域，罗马城以南和以东的范围（主要是指意大利南部、希腊、北非和中东地区）被认为是东部教会的范围。到公元11至13世纪的十字军东征时，天主教会更是把"东方"的范围进一步扩展到阿拉伯地区。经过近200年的十字军战争，"东方"和"西方"二元对立的概念已经深入人心，这两个词汇也进入了欧洲人的日常生活之中。到18世纪时，随着西方人视野的扩展，印度和中国也被纳入"东方"的范畴，尤其是在学术研究中的"东方"，往往指的是印度和中国。到20世纪，"东方"和"西方"所指的范畴就进一步扩大了。从文化的范畴来说，亚洲和北非属于东方，欧洲和美洲属于西方。当然，亚洲和欧洲的概念在一定程度上与东方和西方的概念是相对应的。但是亚洲和欧洲的概念主要是地理概念。虽然很早就有了亚细亚、欧罗巴的称谓，但是希腊语、拉丁语中并没有一个与现代意义上的大洲相对应的词汇。8世纪时，一个西班牙的教士、莱巴那的比图斯（Beatus of Liébana）在他的世界地图中将世界划分为三大洲。这才开始有了"洲"的概念。

二、西方与东方在观念上和事实上的对立，以及这种对立在思想界的反映

尽管"东方"和"西方"这两个概念出现得较晚，但是西方与东方在观念上和事实上的对立则可以追溯到古希腊时期。公元前8世纪以后，

希腊境内各地区之间的政治、经济和文化交往有了很大发展。随着统一民族的形成，希腊人把整个人类划分为"希腊人"（Hellens）和"蛮族"（Barbarians）。希腊人认为，说希腊语的人尽管居住在不同的城邦，但他们都服从法律的统治，有着共同的宗教意识，共同的风俗习惯，是用希腊传统联系起来的统一民族；那些不说希腊语的东方各民族，虽然都居住在一个帝国里，但彼此之间缺少共同的文化纽带，说不同的语言，奉行不同的风俗习惯，只是因为有一个共同的君主才联结在一起。因此，希腊人在他们所认为的"蛮族人"面前就自然有了某种族群优越感。在面临波斯入侵之时，抵抗侵略的民族精神自然就与族群优越感结合起来了。波斯的入侵使得希腊人产生了一种联想，开始把波斯人与希腊人传说中的敌人联系起来，把他们一概视为来自亚细亚、对希腊产生巨大威胁的宿敌，因而也是对立于希腊方式的典型蛮族。希波战争后，希腊人形成了一套完整的蛮族人想象，关于希腊人和蛮族人两分的观念体系得以确立起来。希腊和波斯的对立与冲突从根本上改变了希腊文化的特性，希腊人从此意识到他们区别于东方的民族性。

这种观念在古典时代后期希腊学者的思想中有着很明确的表述。公元前380年，希腊演说家伊索克拉底在奥林匹亚集会上发表《泛希腊集会辞》，主张希腊城邦结束纷争，共同讨伐波斯。伊索克拉底认为，蛮族中的斯基泰人、色雷斯人和波斯人是最有统治欲望的，他们都侵略过希腊。他说："波斯人当中最有名望的人也从来不是为了追求平等，为了增进公益，或者为了对国家尽忠而生活；相反，他们一生都是对某一些人傲慢无礼，对另一些人奴颜婢膝，这种人最败坏人类的品格。"[1]

柏拉图也呼吁希腊内部停止内讧，共同对付蛮族。他说："大家应该看到希腊有被蛮族征服的危险，因此希腊人应该团结起来，互不伤害。

---

[1] Isocrates, *Panegyricus*, 151. 按照学界惯例，本书所引用的古典文献仅标注章节号。一般性引用的版本皆为洛布古典丛书（The Loeb Classical Library），有文本分析的引用则会给出具体版本信息。

只有希腊人与蛮族之间的争斗，才叫作'战争'，因为蛮族是希腊天生的敌人。希腊人之间的争斗只能叫'内讧'，不能叫'战争'，当希腊人抗拒野蛮人，或者野蛮人侵略希腊人，他们是天然的敌人，他们之间的冲突必须叫作'战争'。"[1]

希腊人的种族优越感和对蛮族的蔑视，在亚里士多德的著作中表现得尤为突出。他宣称，寒冷地区的人精神充足但无政治创见，亚洲人长于理解但精神卑弱，只有希腊人既有热忱又有理智。亚里士多德认为，蛮族是天生的奴隶，对蛮族发动战争是正当的。他说："世上有些人（蛮族人）到处都应该是奴隶，本性上就是奴隶，另一些人（希腊人）到处都应该自由，本性上就是自由人。"[2]

随着柏拉图和亚里士多德等古典思想家的作品在近现代西方社会的普及，他们作品中的这种希腊人与蛮族人的对立和两分被扩大化了，虽然这种两分法本身可能还不构成后来天主教会所使用的"东方"和"西方"对立，但是当现代西方学者在这种思维框架下来理解古希腊历史的时候，这种对立就被看成了东西方对立的起点。

三、"东方"与"西方"的二元对立，实际上反映了自古希腊人以来，西方人对自我与他者的认识

从希腊人的认知角度来说，尽管他们尚无"东方"的概念，但是文化认同范畴的"东方"在希腊古典时期已经出现了。这种"东方"与"西方"二元对立，在很多近现代西方学者的论述中屡见不鲜。最为著名的就是黑格尔，他在《历史哲学》中说："世界历史从'东方'到'西

---

[1] Plato, *Republic*, 470c.
[2] Aristotle, *Politics*, 1252b.

方',因为欧洲绝对地是历史的终点,亚洲是起点。世界的历史有一个东方('东方'这个名词的本身是一个完全相对的东西);因为地球虽然是圆的,历史并不围绕着它转动,相反地,历史是有一个决定的'东方',就是亚细亚。那个外界的物质的太阳便在这里升起,而在西方沉没的那个自觉的太阳也是在这里升起,散播一种更为高贵的光明。世界历史就是使未经管束的天然的意志服从普遍的原则,并且达到主观的自由的训练。东方从古到今知道只有'一个'是自由的;希腊和罗马世界知道'有些'是自由的;日耳曼世界知道'全体'是自由的。所以我们从历史上看到的第一种形式是专制政体,第二种是民主政体和贵族政体,第三种是君主政体。"[1] 黑格尔从地理的角度来寻求或规定历史的起点,世界历史是世界精神从东方到西方的一次漫游,它起步于东方,向西经过小亚细亚到达希腊罗马。最后到达了充满活力的日耳曼民族所在的西欧。虽然他认为"亚细亚是起点,欧洲是终点",也就是说,他在一定程度上承认东方文明的先发性,但是他对东方的认识确实充满了想象,在黑格尔眼中,"蒙古"同"中国"一样,都是"神权专制"的形象,是"封建大家长主宰一切"的形象。对于印度人,他也在《历史哲学》中说,由于"印度人天性的一般要素"就是"精神处于梦寐状态的特征",印度人还没有获得"自我"或"意识"。同时,由于"历史"必须是"精神"发展上一个主要的时期,加之印度人并非能够有所行动的"个体",印度文化的分布只是一种无声无息的扩张,那就是说,没有政治的行动。印度人民从来没有向外去征服别人而是自己常常为人家所征服。概而言之,"亚细亚帝国屈从于欧洲人便是其必然的命运"[2]。紧跟黑格尔论调的是威廉·琼斯(William Jones)、詹姆斯·穆勒(James Mill)、威廉·沃德

---

[1] 黑格尔:《历史哲学》,王造时译,上海书店出版社,2001年,第106—107页。
[2] 黑格尔:《历史哲学》,第141页。

（William Ward）等人，罗素笔下"极度贫穷、疾病流行、政治混乱腐败"的东方世界，也都充塞着浓烈的想象色彩。

"东方"与"西方"的二元对立，实际上反映了自古希腊人以来，西方人对自我与他者的认识。从文化和民族认同的角度来说，"希腊"与"东方"的对立实际上是希腊人关于"他者"的一种认识范畴，这一范畴中的"东方"可以泛指在文化方面与希腊人有一定联系但是又相区别的其他民族及其文化。由于各种客观和主观局限，古希腊人和近现代西方人对东方的认识都有非常多的偏颇之处，正如萨义德所指出的，这种认识，实际上是西方人通过对东方和东方人进行整体化、类型化、本质化和符码化，形成关于"他者"的集体观念、专业权威、话语体系和社会体制。

探讨"东方"与"西方"话语体系的形成过程，以及这个过程中所反映的西方人对自我和他者的认识，对我们也有一定的启发意义。对他者的认识只是一个方法论的概念，对自我的认识才具有思考问题和解决问题的本体论意义。对他者的认识，总是会受到各种主观和客观因素的影响，要真正清楚客观地认识和了解他者，首先还是要清楚客观地认识自我。认识他者的目的，最终还是为了更好地认识自我。理解西方，关怀中国，这也许是我们研究西方的一个意义所在吧！

牛津大学的学者奥斯温·默里（Oswyn Murray）如是说："希波战争开创了一个新时代，但也终结了一个旧时代。希腊文化已经从东西方富有成果的交流中被创造出来。东方对抗西方，专制对抗自由，希波战争中创造的这种二元对立，在整个世界历史中回响。"[1]那么，默里所说的"东西方富有成果的交流"具体所指是什么呢？这就是本书所要探究的问题。

---

[1] Oswyn Murray, *Early Greece*, Cambridge, Mass: Harvard University Press, 1993, p. 301.

第一章
古代文明交流研究的范式转变

第一节 比较研究—地中海共同体—网络理论

经历了晚期青铜时代文明的普遍崩溃以后[1]，在公元前10世纪至前8世纪，地中海地区的几个主要文明区域又逐渐恢复了生机，各文明之间的交流互鉴也变得日益频繁起来。20世纪以来，学术界对这一时期地中海地区文明交流的研究兴趣日增。通过对相关学术史的梳理，我们可以看到，对古代文明交流的研究的范式大致经历了"比较研究—地中海共同体—网络理论"的转变。

比较研究是第一种范式，也是传统的研究范式。由于希腊地区在古典时代的发展及对后世的影响比较突出，所以学者们的研究往往是以希腊为中心，将之与近东地区比较。20世纪30年代，就有学者关注到希腊与近东地区神话和文学作品中的相似性。[2] 到了20世纪60年代，随着线形

---

[1] 关于晚期青铜时代的崩溃，详见 Nancy H. Demand, "The Late Bronze Age Collapse and its Aftermath", *The Mediterranean Context of Early Greek History*, Chichester: Wiley-Blackwell, 2011, pp. 193-219。

[2] 详见瓦尔特·伯克特：《希腊文化的东方语境：巴比伦·孟斐斯·波斯波利斯》，唐卉译，社会科学文献出版社，2015年，第3页。

文字B的破译，比较研究的领域进一步拓宽。[1]集大成者是瑞士苏黎世大学德国籍古典学家瓦尔特·伯克特，他于1984年在《海德堡科学院会刊》发表了德文著作《希腊宗教与文学中的东方化时期》。[2]他以翔实的史料为基础对诸多具体文化事项进行了细致的考证和比较研究，如迁移的工匠、东方传往西方的巫术和医学、阿卡德文学和早期希腊文学的关系等。1996年，伯克特在意大利威尼斯的卡·弗斯卡里大学举办了四场关于早期东方与希腊相互影响的主题讲座，随后结集成书《希腊文化的东方语境：巴比伦·孟斐斯·波斯波利斯》，迅速被翻译为法文、西班牙文、德文、英文和中文。他在该书中对《荷马史诗》的东方化特征、东方智慧文学和创世神话、俄耳甫斯与埃及等问题进行了深入细致的比较研究。比较研究领域中另一位成就卓著但也备受争议的是美国康奈尔大学的马丁·贝尔纳。1987年，贝尔纳出版《黑色雅典娜：古典文明的亚非之根》第一卷，随后20年间，又相继出版了第二卷和第三卷。[3]贝尔纳的激进观点引起了学术界的激烈争论，但是也激发了学界对早期希腊文明与东方

---

[1] Michael C. Astour, *Hellenosemitica: An Ethnic and Cultural Study in West Semitic Impact on Mycenaean Greece*, Leiden: Brill, 1967.

[2] 详见瓦尔特·伯克特：《东方化革命：古风时代前期近东对古希腊文化的影响》，刘智译，上海三联书店，2010年，第90页。该书德文版标题为《希腊宗教与文学中的东方化时期》（*Die orientalisierende Epoche in der griechischen Religion und Literatur*），最初发表于《海德堡科学院会刊》（*Sitzungsberichte der Heidelberger Akademie der Wissenschaften, Philosophisch-historische Klasse*）1984年第1期。

[3] Martin Bernal, *Black Athena: The Afroasiatic Roots of Classical Civilization Volume I: The Fabrication of Ancient Greece 1785-1985; Volume II: the Archaeological and Documentary Evidence; Volume III: The Linguistic Evidence*, New Jersey: Rutgers University Press, 1987–2006. 实际上，该书的英文版有多个版本，甚至在文字版之外还有视频版和音频版，在世界范围内已经有十余种不同语言的译本，中译本有第一卷和全三卷两个版本，分别为：马丁·贝尔纳：《黑色雅典娜：古典文明的亚非之根》（第一卷：构造古希腊 1785—1985），郝田虎、程英译，吉林出版集团，2011年；马丁·贝尔纳：《黑色雅典娜：古典文明的亚非之根》（三卷本），郝田虎、程英、李静滢、冯金朋、赵欢译，南京大学出版社，2020年。

文明比较研究的热情。[1]

　　第二种研究范式可概括为"地中海共同体"。早在1949年，费尔南·布罗代尔就在《地中海与菲利普二世时期的地中海世界》[2]这部名著中在一定程度上将16世纪后半期的地中海世界作为一个整体加以考察，实际上就已经隐含了"地中海共同体"的观念。他的这种研究方法也逐渐为古代史学者接受和借鉴。明确提出"地中海共同体"（Mediterranean Koine）[3]这一概念的是德国学者斯波尔德和斯登伯格，他们在1993年的一篇论文《阿莫斯与赫西俄德：比较研究的几个方面》中提出了这个概念。[4] 美国布朗大学的德国籍学者库尔特·拉夫劳布于1998年在芬兰举行的"亚述的遗产"学术研讨会上再次提出这个概念。[5] 尽管他们都没有深入论述这一概念的内涵和外延，但是都有一个基本的观点，即认为古风时代的地中海世界是一个文化上相互交汇的共同体。当然，在正式提出"地中海共同体"概念之前，已有不少学者有了类似的研究和阐释。加州

---

[1] 相关的主要作品有 M. L. West, *The East Face of Helicon: West Asiatic Elements in Greek Poetry and Myth*, Oxford: Oxford University Press, 1997; Carolina López-Ruiz, *When the Gods Were Born: Greek Cosmogonies and the Near East*, Cambridge, Mass.: Harvard University Press, 2010等。

[2] 费尔南·布罗代尔：《地中海与菲利普二世时期的地中海世界》，唐家龙、曾培耿、吴模信译，商务印书馆，2013年。

[3] *Koine*一词出自古希腊语，基本意思是"共同的""一般的"，很多时候专指以阿提卡方言为基础的"共同希腊语"。在一些关于古代文明的论述中，*Koine*一词也用于指称某种"共同体"。本文所论述的"地中海共同体"，借鉴了社会学领域"共同体"一词的基本含义，即"基于人的本质意志、建立在地缘基础上的传统地域社会"。见尹广文：《共同体理论的语义谱系学研究》，《学术界》，2019年第8期。

[4] K. Seybold and J. von Ungern-Sternberg, "Amos und Hesiod. Aspekte eines vergleichs", in K. A. Raaflaub and E. Müller-Luckner eds., *Anfänge politischen Denkens in der Antike: Die nahöstlichen Kulturen und die Griechen*, Boston: Oldenbourg, 1993, pp. 215–239.

[5] Kurt A. Raaflaub, "Influence, Adaptation, and Interaction: Near Eastern and Early Greek Political Thought", in S. Aro and R. M. Whiting eds., *The Heirs of Assyria: Proceedings of the Opening Symposium of the Assyrian and Babylonian Intellectual Heritage Project Held in Tvärminne, Finland, October 8–11, 1998*, Neo-Assyrian Text Corpus Project, 2000, pp. 51–64.

大学洛杉矶分校古典考古学家萨拉·莫里斯在1992年出版的《代达洛斯与希腊艺术的起源》中提出,从青铜时代直至古风时代,东部地中海世界都是一个文化"共同体",其内部的相互联系、相互影响是常态,而希腊也是这文化"共同体"的一部分。[1]不过,上述学者并没有对"地中海共同体"这一概念的相关内涵进行明确的界定。除了斯波尔德、斯登伯格和拉夫劳布等少数几位学者,其他学者谈及这一问题时,通常是说"一个关于地中海的共同体"(a community of Mediterranean),并不认为这个共同体是一个特定的实体存在,只不过是借用"共同体"(community)这样一个术语来表达地中海地区从青铜时代开始就存在的密切联系和交往。

2003年,以色列特拉维夫大学历史学家伊莱德·马尔金提出了"网络理论"这样一种新的解释模式,可以算是古代地中海地区文明交流研究的第三种范式。网络概念是后现代和后殖民理论的一个突出特征,这一概念取代了"中心—边缘"分层结构的构想,提出了一种新的地域和人类空间的视角。基于罗斯托夫采夫和亨利·皮朗将地中海视为一个"商路交织而形成的网络"的观点,马尔金借鉴网络概念进一步阐述了这一问题。他认为,公元前11世纪前后至前4世纪之间,在希腊大陆海岸、爱琴海、小亚细亚、普罗庞提斯以及黑海、意大利、西西里、法兰西、西班牙和北非所建立的希腊殖民地和他们的领土范围,就类似一种网络。每一个政治共同体,不管是一个城邦还是一个族群,都有自己的"微区",这些微区的各个要素(如城镇、圣所、邻居等)之间又有各种关系。这些政治共同体,尤其是城邦,也形成一种网络。[2]他认为,古代地中海在古风时代(约公元前8世纪至前5世纪)第一次形成了"地中海

---

[1] Sarah Morris, *Daidalos and the Origins of Greek Art*, New Jersey: Princeton University Press, 1992. 她在《荷马与"近东"》一文中也概括了希腊和东方的密切联系,见Sarah Morris, "Homer and the Near East", in Ian Morris and Barry B. Powell eds., *A New Companion to Homer*, Leiden: Brill, 1997, pp. 599-623。

[2] 伊莱德·马尔金:《网络与希腊认同的兴起》,李永斌译,《全球史评论》,2015年第2期。

文明"，这个文明主要由各个独立的政治和商业共同体组成，沿着地中海的海岸线散布。在这个由各个沿岸城市和海岛组成的海洋文明的整体网络中，希腊人、埃及人、埃特鲁里亚人和腓尼基人是主要的活跃者，这些族群所形成的各种文明之间，并没有非常严格的文化边界，整个地中海区域形成了一个文明交互的共同体。[1] 值得注意的是，虽然马尔金没有明确使用"地中海共同体"这个概念，但是他所说的"文明交互的共同体"显然是受到了相关学术潮流的影响。

当然，上述三种研究范式之间并没有非常明确的分界线，本文所说的范式转变，主要还是为了研究的方便，基本以研究成果出现的时间顺序，归纳出来三种有比较明确特点的研究方法和理论。其中，比较研究当然是基础，也是基石。只有对基本的、具体的史料进行详细而深入的研究和比较，才能够在此基础上进行相关的宏观理论研究。但是，比较研究侧重于对具体材料的分析，目的在于提供证据，而材料本身并不能提供文明交流的可靠证据，并且比较研究又缺乏在较为宏观的历史背景下的解释框架，一定程度上忽视了交流中的变化和差异性。因此，比较研究在分析材料的基础上所提供的证据也未必准确。马尔金的"网络理论"实际上是"地中海共同体"观念的某种延伸，并在延伸的基础上有所反思，但是总体上来说，并没有超越"地中海共同体"这一概念所探讨的范畴。笔者认为，要从历史学的角度来探讨古代地中海世界的文明交流互鉴，"地中海共同体"或许是可资借鉴的最佳理论范式。本章力图在前人研究的基础上，进一步探讨"地中海共同体"的一般特点和基本特征，并且尝试评估作为一种古代文明交流互动研究范式的可行性和需要进一步讨论的一些问题。

---

[1] Irad Malkin, *A Small Greek World: Network in the Ancient Mediterranean*, Oxford: Oxford University Press, 2011, p. 31.

第二节 不同历史学家笔下的"地中海共同体"

在专门的地中海史研究著作中,关注古风时代地中海世界的作品并不多,但是在有限的笔触中,历史学家还是为我们展现了他们笔下的"地中海共同体",尽管有的学者并未明确使用这一概念。

英国伦敦大学皇家霍洛威学院的佩里格林·霍登和牛津大学的尼古拉斯·珀塞尔于2000年出版了地中海史的扛鼎之作《堕落之海:地中海史研究》。他们力图从微观生态的视角、从人与环境互动的角度来重构地中海的形象。尽管霍登和珀塞尔强调地中海地区存在多种多样的微观生态,但也强调地中海的连通性。地中海复杂的海岸线和数不尽的岛屿、环环相扣的低地、能够频频通行的滩涂与河流,这些地理条件使得交流的体制成为可能。他们强调不同微观生态之间的人们因便利的海上联系而发生的互动,这样就抓住了历史"区域"因联系而形成的这一根本属性。[1] 具体到古风时代的地中海,霍登和珀塞尔以科莫斯(Kommos)港和扎戈拉(Zagora)为例考察了地中海范围内广泛的文明互动现象。科莫斯位于克里特岛,考古学家在那里发现了克里特岛同腓尼基世界之间重要联系的证据,对当地古代涂鸦的研究表明,不同地区(包括优卑亚和中希腊)的希腊人也在公元前8世纪到达了此地。扎戈拉位于优卑亚岛附近的安德罗斯岛上,扎戈拉出土的考古证据表明,这个定居点在公元前8世纪参与了地中海地区的物资再分配体系。[2] 霍登和珀塞尔也关注到了希腊人的殖民活动,他们认为希腊的殖民时代(公元前8世纪至前6世纪)是地中海航海史上互动潜力最为充分的一次大爆发。通过纷繁复杂、无

---

[1] 夏继果:《20世纪80年代中期以来的地中海史研究》,"作为一个世界史研究单元的地中海世界"学术研讨会资料集,首都师范大学,2019年,第12页。

[2] 佩里格林·霍登、尼古拉斯·珀塞尔:《堕落之海:地中海史研究》,吕厚量译,中信出版社,2018年,第190页。

孔不入的海上互动与随之而来的建立殖民城邦习俗的发展，到了公元前5世纪，希腊人自己已将由希腊海外定居点构成的世界视为一个文化和社会的统一体。[1] 不过，书中关于希腊殖民时代地中海的讨论并不多，仅仅是将这一时期作为历史长河中的一个小点顺便提及。因此，关于这一时期地中海世界文明交流互动的研究，还有可进一步深入研究的空间。

剑桥大学的海洋史学家大卫·阿布拉菲亚在他的名作《伟大的海》中将公元前1000年至公元600年的地中海称之为他的"五个地中海"的"第二地中海"。他认为，关于公元前8世纪至前7世纪的地中海，出现了一些新的贸易网络，东方文化被传至西方，最远到了埃特鲁里亚和南西班牙。这些新贸易网的建立，并没有借助大规模的帝国扩张实现，而是依靠商人团体：希腊人有意或无意地在追寻其迈锡尼先人的足迹，将方向转向了西西里岛和意大利；埃特鲁里亚海盗和贸易者出现在刚刚兴起的城市的土地之上；更为超前的是，黎巴嫩的迦南商人，也就是希腊人熟知的腓尼基人也出现了，这一族群因为热爱贸易和追逐利润而著称。阿布拉菲亚认为，欲探寻腓尼基早期贸易帝国的踪迹，最好的途径就是在公元前800年前后进行一次环地中海航行。航行的路线是从推罗、西顿等城市出发，沿着向北的路线，经过塞浦路斯岛、罗德岛及克里特岛，而后穿过广阔无垠的伊奥尼亚海，最终到达南意大利、南撒丁岛、伊维萨岛及南西班牙。在返回推罗的旅程中，腓尼基人会沿着漫长的北非海岸前行。[2] 阿布拉菲亚对这一时期地中海世界的描述，主要是基于腓尼基等族群的商贸活动而勾勒出的一幅整体图景，在这幅图景中，主要的活跃者还包括希腊人和埃特鲁里亚人。尽管阿布拉菲亚没有提供更多文明交流的细节证据，但是他却道出了古风时代"地中海共同体"的核心，

---

1 佩里格林·霍登、尼古拉斯·珀塞尔：《堕落之海：地中海史研究》，第191页。
2 大卫·阿布拉菲亚：《伟大的海：地中海人类史》，徐家玲等译，社会科学文献出版社，2018年，第83—86、93—94页。

那就是基于商贸活动而进行的文明交流。这也为我们在"地中海共同体"视野下研究文明交流及互鉴提供了一个宏观层面的指南。

美国哥伦比亚大学地中海研究中心主任威廉·哈里斯主编的《重新思考地中海》一书中，也有几位学者探讨了古代地中海世界的统一性和流通性。在《地中海与古代历史》一文中，哈里斯本人并不认同霍登和珀塞尔的理论。他指出，很多学者（包括霍登和珀塞尔）通常仅仅将"地中海"作为"希腊和罗马外加其他一些我们可能偶尔注意到的古代文明"[1]的同义词，因此，地中海的统一性就是必须讨论的一个关键问题了。同样，地中海与其他地区相较而言的独特性，以及这种所谓的独特性的意义也是必须讨论的问题。他认为，地中海的统一性问题，实际上是与其独特性问题紧密联系的。哈里斯具体探讨了"古代地中海在何种程度上是一个文化统一体"的问题。他指出，既有一种弱意义上的统一性，也有一种强意义上的统一性。所谓弱意义上的统一性，指的是在相似的气候中，依靠相似的动物和植物，人们的生存方式必然存在相似性和连续性。至少从自然条件来说，这是一个相对集中的区域，有着较为明显的自然属性的边界，这个区域的温度和湿度都相对适中，有足够的水来支撑农业和城镇，并且发展水平都较为相似。所谓强意义的统一性，指的是当地经济体与更广阔的地中海紧密相连。但是哈里斯对强意义的统一性提出了一系列疑问：如果在任何特定时间居住在地中海沿岸的许多人是自给自足的渔民、牧民或农民，那么地中海在这个意义上就不是一个整体。如果说地中海区域各经济体相互之间构成了联系，那么构成联系的要素是什么？不仅是沿海贸易、长途贸易、海盗和移民，还有许多其他形式的人类和非人类的活动，包括植物和疾病的传播。[2] 阿兰·布莱

---

[1] W. V. Harris, "The Mediterranean and Ancient History", in W. V. Harris ed., *Rethinking the Mediterranean*, Oxford: Oxford University Press, 2005, p. 2.

[2] W. V. Harris, 2005, pp. 25—26.

松在《生态学及其他：地中海范式》一文中指出，《堕落之海》所讨论的关键主题——高水平的经济和文化联系，是由地中海独特的生态环境所决定的。布莱松认为，海运在成本和速度方面具有相当的优势，尤其是在重型货物的运输方面具有特殊的优势。从这个意义上讲，人们认识到地中海可能提供了一个特殊的连通空间。这一特点适用于地中海的每一个海岸，尤其是希腊和意大利的半岛，因为它们的海岸线特别长。应当补充的是，地中海中的岛屿也为潜在的连通性提供了额外的补充。在爱琴海空间集中体现了这一特点，因为这里存在着一系列较小的岛屿，并组成了群岛，这些群岛内部的交流为整个地中海区域内的连通空间提供了样本。布莱松指出，地中海地区的流通性大大加快了历史发展的进程。在公元前一千纪，地中海地区财富的集中程度以及思想文化所达到的水平和形式，对于地球上任何其他地区的人来说，都是遥不可及的。[1]

尽管《堕落之海》《伟大的海》和《重新思考地中海》这几部著作并没有直接论及"地中海共同体"，对古风时代的地中海地区的文明交流活动也着墨不多，但是讨论的核心问题实际上是一致的，即如何处理地中海世界的碎片化与统一性，实际上也就是在讨论"地中海共同体"作为一个整体研究单元的合法性问题。当然，对这个核心问题的回答是不相一致的，这也反映了地中海史研究长期以来形成的两种不同传统。第一种传统是研究"在地中海的历史"，始自罗斯托夫采夫。他强调人的经济活动的主体性，强调地中海范围内的宏观互动，将地中海视为商路交织而形成的网络，而这一网络中的商贸活动非常显著地受到了希腊殖民活动的影响。[2] 罗斯托夫采夫关于地中海是一个统一体的观点为亨利·皮

---

[1] Alain Bresson, "Ecology and Beyond: The Mediterranean Paradigm", in W.V. Harris ed., *Rethinking the Mediterranean*, Oxford: Oxford University Press, 2005, pp. 94-116；李永斌：《评威廉·哈里斯（编）〈重新思考地中海〉》，《全球史评论》，2015年第2期。

[2] Michael Rostovtzeff, *The Social and Economic History of the Hellenistic World Vol. 1*, Oxford: Oxford University Press, 1941, p. 92.

朗和阿布拉菲亚所继承。后来的"地中海共同体"概念和马尔金的网络理论，实际上是这一传统的进一步延续。这种传统的突出特点是强调文明交流互动的主体是人以及人的活动。正如阿布拉菲亚所言，人们必须对沿着汇入地中海的这些河流两岸定居的传统社会进行考察，也就是考察这一类人，他们涉足地中海，最好还是跨海航行的人，在某些情况下，他们直接参与跨文化贸易、宗教及思想的传播，同等重要的是，有些人还参与了海上航海控制权的争夺。[1] 第二种传统来自布罗代尔，布罗代尔虽然也将地中海作为一个整体来考察，但是更强调地中海的多样性和差异性，力图在整合差异性的基础上来探寻地中海的统一性。[2] 这种传统在《堕落之海》中得到了继承，《堕落之海》的研究方法的典型特征是从地中海的具体场景出发，研究人与环境的互动关系及微观生态的形成，进而关注因"连通性"而形成的地中海历史的整体性。[3]《重新思考地中海》中对于地中海研究的"重新思考"，很大程度是对布罗代尔模式的"重新思考"，以及对这些"重新思考"的进一步再思考。但是这些重新思考基本上还是延续了布罗代尔开创的"属于地中海的历史"的研究范式。

通过对上述历史学家相关论述的分析，从公元前8世纪前后地中海地区社会历史发展的基本情况来看，完全可以用"地中海共同体"这样一个概念来研究这一时期文明交流互动的情况。尽管很多学者没有直接论及"地中海共同体"这个概念，但是他们所讨论的核心问题与"地中海共同体"所关注的核心问题是一致的，那就是地中海的整体性问题。在论及"地中海共同体"的学者中，有人认为地中海是一个"政治和贸易共同体"，有人认为它是一个"文化共同体"。尽管他们的侧重点各有

---

1 大卫·阿布拉菲亚：《伟大的海：地中海人类史》，第4页。
2 费尔南·布罗代尔：《地中海与菲利普二世时期的地中海世界》，第1卷，第20页。
3 夏继果：《"在地中海"与"属于地中海"：两种不同的治史路径》，《光明日报》，2019年2月25日。

不同，我们还是能够从中归纳出"地中海共同体"的几个一般特点：（1）基于商贸活动而进行的文明交流；（2）因联系而形成的"区域"；（3）统一性与独特性紧密联系；（4）独特的生态环境所决定的高水平的经济和文化联系。在这几个一般特点中，最突出的也最基本的特征是基于商贸活动而进行的文明交流。

第三节 作为一种研究范式的"地中海共同体"

"地中海共同体"是公元前8世纪左右，在腓尼基人、埃及人和希腊人商贸活动活跃的情况下，大部分地中海地区形成的一个跨越不同族群的文明交流共同体。它的大致范围包括整个希腊大陆和爱琴海诸岛屿、黑海沿岸的希腊殖民城镇、小亚细亚、黎凡特（Levant）的广大地区、以埃及为代表的北非地区，以及腓尼基人活跃的地中海沿线各个城市，当然也包括西西里岛和南意大利地区的腓尼基人和希腊人殖民城市。[1] "地中海共同体"是一个由贸易网络交织形成的文明交流的共同体。

我们在研究地中海地区的古代文明交流之时，可以将"地中海共同体"作为一种研究范式，但是还需要注意以下几个问题。

第一，关于公元前8世纪至前6世纪地中海世界的商贸证据，主要集中在东地中海沿岸的考古发现。在萨摩斯（Samos）发现了大量来自近东和埃及的物品，比如塞浦路斯的陶瓶，埃及、腓尼基的象牙和青铜制品等。同时，在萨摩斯还发现了更东来自大马士革的两件礼物性质的物品，一个马头雕像和一件马具。也有少数考古发现证明了东地中海沿岸地区与远西（the Far West）有着直接或间接的贸易联系，比如在萨摩斯

---

[1] 笔者在另一篇文章中论及"地中海共同体"的基本情况，见李永斌：《地中海共同体视野中的荷马史诗与古代东方文学传统》，《历史教学》，2019年第14期。

发现了三把来自西班牙的象牙梳子。[1] 在西班牙的主要遗址中都发现了来自萨摩斯或者开俄斯（Chios）的陶器，其中包括了小的饮器（skyphoi and kotyloi）和大的专门用来运输橄榄油或者酒的贮藏罐（transport amphorae），似乎表明东希腊与南西班牙之间存在着贸易往来。这一时期，东起大马士革，西到安达卢西亚，整个地中海地区可能都处在一个复杂的贸易网络之中。

第二，"地中海共同体"这一概念不仅仅适用于公元前8世纪时期，也适用于后来更长时段、更大空间范围内地中海的文明交流与互动。虽然最初提出这一概念的学者们所指称的时间范围是公元前8世纪前后，但是地中海世界的商贸和文明交流是延续的，并且随着航海技术改进和周边一些国家实力的增强而进一步增强。因此，公元前8世纪至前6世纪应该视为地中海共同体的形成阶段。随着地中海共同体的进一步发展，在不同的历史时期，地中海共同体所涉及的地理范围也有所变化，甚至可以说一直在变化。直接论及"地中海共同体"的学者们所关注的公元前8世纪至前6世纪的地中海共同体的文明交流，主要还是集中在东部地中海。到罗马帝国时期，文明交流互动的范围就真正扩大到整个地中海世界了，甚至超出了地中海的范围，包括西亚地区和不列颠地区都受到了地中海地区商贸活动的影响。罗马时期的地中海共同体，不仅是文明交流的共同体，更是政治发展意义上的共同体。罗马帝国的形成，可以看作是地中海世界被成功整合为一个政治共同体的过程，而这种帝国组织形式的政治共同体，又为地中海世界经济、社会、商贸、文化等多方面的一体化提供了前所未有的便利和安全保障。

第三，公元前8世纪至前6世纪，地中海沿岸大多数地区仍以本地农业为主要的经济活动形式，商贸活动和文明交流在这一时期的历史发展

---

[1] 详见李永斌：《古风时代早期希腊与东方的文明交流图景》，《历史研究》，2018年第6期。

中并不占主导地位。古代希腊的工商业和航海业比较发达，但是本地农业仍然是主要的社会与经济基础。希腊城邦的社会与政治力量的主体是自由农民，而不是手工业者和商人。[1] 在古代埃及社会，农业的地位和重要性也远远高于商业活动。由于尼罗河谷是适于耕作的肥沃土地，只要尼罗河保持正常的水位，整个国家的供给就不成问题。埃及人虽然很早就与周边的民族有交往，但是这种交往的目的主要是为了获取原料和一些贵重物品，如金属、宝石、油料、酒料等。[2] 早期阶段的地中海共同体主要是一种文明交流意义上的共同体，并没有改变当时社会发展的基本形态，也没有改变牵涉其中的各个文明所独具的基本特征。不过我们也应该注意到，从公元前8世纪开始的希腊殖民运动，已经开始有了政治组织方面向着共同体发展的趋势，这种趋势的缓慢发展，最终在罗马帝国时期达到了顶峰。

　　第四，就公元前8世纪至前6世纪的地中海世界来说，各文明之间的独立性和差异性仍然远远大于共性，局部的交流远远多于整体性的交流。"共同体"是一个学术名词，表达的是某些方面的联系和共性，这些联系和共性与网络理论所探讨的联系和共性是同样的对象。比如，从希腊到西西里的阿波罗崇拜网络，从赫拉克勒斯到马尔卡特（Melqart）的英雄崇拜网络[3]，整个地中海范围内的圣所网络[4]，以及古代地中海在税收管理上的相互依赖[5]，这些都是具体的文明交流事项，体现了某些文化和观念方面的流动和共性。但是，这一时期的地中海共同体，并不是一个浑然

1　黄洋：《古代希腊土地制度研究》，复旦大学出版社，1995年，第3页。
2　金寿福：《永恒的辉煌：古代埃及文明》，复旦大学出版社，2003年，第3—6页。
3　Irad Malkin, 2011, pp. 97–142.
4　Ann C. Gunter, *Greek Art and the Orient*, Cambridge: Cambridge University Press, 2009, p. 152.
5　Nicholas Purcell, "The Ancient Mediterranean: The View from the Customs House", in Peregrine Horden and Nicholas Purcell eds., *The Boundless Sea: Writing Mediterranean History*, London: Routledge, 2019, pp. 200–234.

一体的整体。正如前文所述,地中海范围内存在着诸多贸易网络,这些贸易网络共同构成了以商贸和文明交流为基本特征的地中海共同体。在诸多贸易网络中,主要参与者各有侧重,有的以希腊为中心,有的以埃及为中心,有的是以希腊—埃及为主要交流路线,有的是以希腊—小亚细亚为主要交流路线。从整体上来说,这一时期地中海世界各文明之间的交流仍然处在早期阶段,更多的还是局部的、相对短途的交流,大范围的长途贸易和文明交流主要是由这些局部的交流衔接和交织而成,而不是一蹴而就形成的一个整体。因此,以"地中海共同体"为研究范式的古代文明交流研究,还是要强化对各个文明区域的具体研究,才能在此基础上对文明交流做出更具体、更细致的探讨。

第二章
早期希腊与埃及和腓尼基的文明交流

希腊与东方的联系其实是一直都存在的,甚至可以追溯到新石器时代或更早的时期,东方对希腊的影响也自这一时期就已经开始了。[1] 但是由于相关的文献资料和考古证据比较缺乏,新石器时代的具体物质文明交流及其影响难以定量分析,现有的研究主要集中在人种和族群等宏观方面。本章集中讨论迈锡尼时期和古风时代早期希腊与埃及、希腊与腓尼基之间的联系,因为这一时期已经有诸多具体案例可供分析。由于迈锡尼时期和古风时代早期可用的文献较少,对于这两个时期希腊历史的研究,除了后来古典文献中的相关片段,主要基于考古材料和对考古材料的解读。本章首先探讨在早期希腊史研究领域中,古典考古学和古典文献学之间的关系。

---

[1] Joseph G. Milne, "Trade between Greece and Egypt before Alexander the Great", *The Journal of Egyptian Archaeology*, Vol. 25, No. 2, 1939, pp. 177–183; Martin Bernal and David C. Moore, *Black Athena Writes Back: Martin Bernal Responds to His Critics*, Durham: Duke University Press, 2001, p. 317; Daniel. T. Potts, *A Companion to the Archaeology of the Ancient Near East*, Malden, Mass.: Wiley-Blackwell, 2012, p. 23;徐松岩:《"希腊人"与"皮拉斯基人"——古代希腊早期居民源流考述》,《西南大学学报》(社会科学版),2016年第1期,第163—172页。

第一节　早期希腊史研究的转向——大传统与大鸿沟

1979年，英国南安普敦大学考古学教授科林·伦弗鲁第一次将"大鸿沟"（Great Divide）这一概念引入古典考古学领域，他在美国考古研究所百年纪念大会上发表了题为《大传统vs大鸿沟：作为人类学的考古学？》的主题演讲，该文第二年正式发表于《美国考古学杂志》。伦弗鲁认为，古典考古学发端于施里曼对特洛伊和迈锡尼的发掘、伊文思在克里特的发掘，以及德国人在奥林匹亚的发掘和法国人在提洛岛的发掘。1848年，乔治·丹尼斯发表的《埃特鲁里亚的城市与墓地》被认为是在古代土地上进行田野考古的先驱，莱亚德爵士于第二年发表的《尼尼微及其遗迹》则首次将近东的古代面貌呈现在公众面前。[1] 古典考古学的兴起，为希腊罗马以及近东地区史前社会的研究提供了一种全新的思路和方法。但是，在整个古典学界，存在着一个"大传统"（Great Tradition），那就是自文艺复兴以来的数个世纪里西方学术界对古典作品（包括文学、历史学、哲学、戏剧以及绘画雕塑等艺术作品）的收集、整理和研究。古典考古学一方面在很大程度上要依赖这个大传统提供的解释，另一方面也为这个大传统提供解释，二者形成一种互证的关系。[2]

但是，伦弗鲁认为古典考古学领域也存在着一个大鸿沟。这个大鸿沟有几层含义：一是地理意义上的含义。古典考古学长期以来仅仅关注旧世界的古代社会，而对新世界的古代社会几乎没有涉足，其中一个重要的论据就是以旧世界为关注中心的美国考古研究所（Archaeological Institute of America）和以新世界为关注中心的美国考古协会（Society for

---

[1] George Dennis, *Cities and Cemeteries of Etruria*, New Jersey: Princeton University Press, 2014; Austen Henry Layard, *Nineveh and Its Remains*, London: John Murray, 1849.

[2] Colin Renfrew, "The Great Tradition versus the Great Divide: Archaeology as Anthropology?", *American Journal of Archaeology*, Vol. 84, No. 3, 1980, pp. 287–298.

American Archaeology）几乎不相往来。二是学科意义上的含义。古典考古学虽然与古典学的大传统形成互证关系，但是在很大程度上，二者之间还是存在着学科分类以及基本方法论上的鸿沟。古典考古学的基本方法仍然是人类学的方法，主要是田野考古和田野调查，并且非常依赖自然科学的研究方法和技术。就目前的学术发展局面来说，古典学的大传统仍然在诸多方面占有优势，不仅因为深厚的文献传统，而且因为其文献在很大程度上是描述性的，而人们往往认为对事件的充分解释可以自然而然地从完整的描述中得到，而考古资料的不完善是不可避免的，不仅严重依赖考古遗址和遗物保存的完整性，而且也依赖考古科学技术的发展，考古学家是否公开或者完整发表他们的研究成果对大鸿沟的产生也有很大影响。因此，"传统的"古典学家有义务主动沟通历史学家和考古学家之间的鸿沟。[1]

随后十几年里，沟通"大鸿沟"成为古典考古学界热烈讨论的问题。[2] 1992年，理论考古学大会（Theoretical Archaeology Group）在南安普敦大学召开年会，主题为"古典考古学的新方向"。1995年，由奈杰尔·斯潘塞主编出版了这次会议的论文集：《希腊考古中的时间、传统与社会：沟通"大鸿沟"》。虽然该论文集的研究主题专业性非常强，但是仍然成为一本畅销的学术著作并多次再版。其中的所有文章都体现了考古学的历史学转向，或者说所谓的"新考古学"的发展方向，因此这些文章不仅仅是在讨论具体的考古发现或者具体的古代文献，而且是旨在提出某种理论解释，即考古材料和数据如何与古代社会及其历史发展建立起联系。这种新考古学（尤其是古典考古学）向历史学的转向，到20

---

[1] Colin Renfrew, 1980, pp. 290-294.
[2] 除了下文详述的1992年理论考古学大会的讨论之外，还有一篇专门讨论沟通（或穿越）"大鸿沟"的论文值得关注：Iain Stuart, "Crossing the Great Divide", *Historical Archaeology*, Vol. 41, No. 2, 2007, pp. 46-53。

世纪90年代已经得到了历史学家和考古学家双方的认同,历史学家更加注重借鉴考古学的最新发掘和研究成果,考古学家则更倾向于利用考古发掘成果来分析和研究古代社会的发展状况和发展趋势。在这个背景下,古典历史学和古典考古学的结合越来越密切,为古代史研究提供了一种新的思路和方向,古典学的大传统与考古学之间的大鸿沟有了沟通的可能性。[1]

2002年,瑞士考古学家德桑德里斯在《地中海考古学杂志》发表《阿尔米纳:穿越大鸿沟》一文,明确将"穿越大鸿沟"的概念引入到具体的考古发掘遗址研究中来。当然,他所说的大鸿沟更多指的是学者们对某些问题的意见分歧之大,而这些意见分歧的主要原因还是在于传统的古典学与新的考古学之间的方法论和理论体系的不兼容。[2]不过,随着考古学的历史学转向,古希腊史研究领域越来越注重传统文献与考古证据的结合,"传统的"古典学家和古典考古学界在关于希腊与埃及、希腊与腓尼基等学术研究问题上基本上达成了一致。也就是说,考古材料以及相关的考古学研究,为我们研究古风时代早期希腊与东方文明的交流互动,澄清希腊人与东方人(尤其是腓尼基人)在文明交流中所扮演的角色等问题提供了丰富的证据。

第二节 迈锡尼时期希腊与埃及的物质文明交流

"一个民族所占的地势往往足以预示它的历史使命;古代世界文明所赖以成长的两个伟大民族——希腊和罗马——在投射它们的影子时,如

---

1 Nigel Spencer, *Time, Tradition and Society in Greek Archaeology: Bridging the "Great Divide"*, London: Routledge, 1995, pp. 1-5.

2 Jean-Paul Descoeudres, "Al Mina Across the Great Divide", *Mediterranean Archaeology*, Vol. 15, 2002, pp. 49-72.

同散布它们的种子时一样,乃是一个向东,一个向西。"[1]蒙森的这段话非常准确地指出了早期希腊历史发展的一个重要特点,那就是希腊人的眼光很早就投向了东方的古老文明。其中,古代希腊文明与古代埃及文明的交流与互动也是一种长期而持续的现象。但是,就现代学术研究来说,关于古代希腊与古代埃及的文明交流与互动,明显存在几个重点关注的方向,这种关注甚至形成了某种意义上的"刻板印象"。当然,随着学术研究的日益深入,这种"刻板印象"有的已经改变,有的正在逐渐改变,有的还待进一步改变。

就地域方面而言,学术界关注的重点是希腊与塞浦路斯和黎凡特等地区的交往,对于希腊与埃及的交往,尤其是早期(希腊的克里特和迈锡尼文明时期,约公元前1900至前1150年)的交往,往往被认为是一种间接的关系,是通过塞浦路斯和黎凡特等缔结的。这一观点的主要论据是在埃及很少发现迈锡尼的陶器,而在塞浦路斯和黎凡特则发现了大量同一时期的陶器。不过,随着考古学的进一步发展,早期希腊与埃及的联系得到了越来越多考古材料的证明。1972年,时任澳大利亚驻美国纽约领事的梅瑞里斯就根据美国大都会艺术博物馆未公开展览和发表的文物,勾勒出了青铜时代爱琴海地区与埃及的关系。[2]埃里克·克莱因在1987年,通过对相关铭文资料的分析,探讨并建构了阿蒙霍特普三世(Amenhotep III,公元前1386至前1349年在位)与爱琴海地区的关系。[3] 1992年7月,大英博物馆召开了一次题为"埃及、爱琴海与黎凡特"(Egypt, the Aegean and the Levant)的学术会议,并于1995年出版了同名会议论文

---

[1] 特奥多尔·蒙森:《罗马史》,李稼午译,商务印书馆,2015年,第14页。引用时有改动。

[2] R. S. Merrillees, "Aegean Bronze Age Relations with Egypt", *American Journal of Archaeology*, Vol. 6, No. 3, 1972, pp. 281-294.

[3] Eric H. Cline, "Amenhotep III and the Aegean: A Reassessment of Egypto-Aegean Relations in the 14th Century BC", *Orientalia*, Vol. 56, No. 1, 1987, pp. 1-36.

集，其中的论文深入探讨了克里特文明与埃及文明之间的艺术层面的联系、迈锡尼出土的埃及和近东的进口物品、埃及的铜器原料和木材的来源等问题。[1] 近些年来，牛津大学考古学家乔里特·科尔德致力于证明埃及新王国时期（约公元前1550至前1150年）与希腊的迈锡尼王国存在着直接的外交关系。通过深入分析埃及和迈锡尼的各种考古、图像和文字证据，他明确指出：在公元前15世纪至前13世纪，埃及和迈锡尼之间存在着具有正式外交性质的多种直接交往。[2]

就时间层面来说，学术界研究的重点一般都集中在希腊古风时代早期殖民运动开展以后。1980年牛津大学古代史学者奥斯温·默里提出"东方化时代"（The Orientalizing Period）这一概念之后[3]，学术界对于公元前750至前650年这一个世纪左右希腊的"东方化时代"，进行了非常深入的研究。甚至有学者在此基础上提出了"东方化革命"的命题。[4] 但是，正如贝尔纳所指出的，"这个世纪或者其他任何世纪，都没发生过东方化革命"[5]，因为希腊与东方的文明交流互动一直存在，这种交流与互动不可能锁定在任何一个特定的阶段与空间之内。当然，因为文明的盛衰确实存在一定的阶段性，所以希腊与埃及之间的文明交流也有高峰和低潮。比如郭丹彤指出，早期埃及与早期希腊文明的交往有两个高峰期，第一次是在埃及的喜克索斯王朝时期（约公元前1650至前1550年），第二次是在埃及的新王国时期（约公元前1550至前1069年），此时希腊正处于迈锡

---

1 W. V. Davies and Louise Schofield eds., *Egypt, the Aegean and the Levant: Interconnections in the Second Millennium BC*, London: British Museum Press, 1995.

2 Jorrit M. Kelder, "The Egyptian Interest in Mycenaean Greece", *Jaarbericht van het Vooraziatisch-Egyptisch Genootschap "Ex Oriente Lux"*, Vol. 42, 2010, pp. 125−140.

3 奥斯温·默里：《早期希腊》，晏绍祥译，上海人民出版社，2008年。

4 关于"东方化革命"的相关学术研究动态，见李永斌：《古典学与东方学的碰撞——古希腊"东方化革命"的现代想象》，《中国社会科学》，2014年第12期，第187—204页。

5 Martin Bernal and David C. Moore, 2001, p. 317.

尼时期。[1]

具体到迈锡尼时期希腊与埃及的文明交流，现有研究关注的重点主要在艺术和宗教方面，尤其是对埃及与爱琴海地区在艺术上高度相似性的课题。早在1929年，弗兰克福特就指出，埃及阿玛尔纳时期的艺术具有明显的爱琴地区文明的特点，埃赫那吞时期的埃及人就已经看到过更古老的来自希腊阿尔戈斯地区的图画。[2] 莉维亚·摩根等学者基于遗址泰尔·艾尔达巴（Tell El-Dab'a）的壁画特征研究，进一步证实了弗兰克福特的看法。[3] 当然，希腊艺术借鉴埃及的情况也是一个重要方面。克里特的宫殿出现的真人大小甚至超过真人体型的人体雕塑，就被认为是来自埃及和西亚的传统；迈锡尼竖井墓群A中发现的一件镶嵌有黄金和乌银的高脚酒杯，以及一些带有镶嵌工艺的短剑，被认为是埃及工匠的作品，与埃及森穆特墓葬（Senmut Tomb）中的镶嵌艺术品有高度相似之处；三号竖井墓中发现的一位女神雕像身上带有来自埃及的纸草装饰。[4] 迈锡尼时期希腊的树崇拜和柱崇拜也被认为有着埃及的渊源。[5]

但是我们也应该看到，艺术和宗教因素的传播和改变是基于物质文明的交流。物质文明与非物质文明之间并非泾渭分明，很多艺术品同时也是日常实用品，很多实用物品也带有艺术装饰或者体现了一定的艺术风格。基于前人研究和最新的考古发现，我们可以在一定程度上勾勒出迈锡尼时期希腊与埃及的物质文明交流情况。

1　郭丹彤：《古代埃及文明与希腊文明的交流互鉴》，《光明日报》，2019年1月14日，第14版。

2　H. Frankfort ed., *The Mural Painting of El-'Amarneh*, London: Egypt Exploration Society, 1929. 转引自Lyvia Morgan, "Minoan Painting and Egypt: The Case of Tell el-Dab'a", in W. V. Davies and Louise Schofield eds., *Egypt, the Aegean and the Levant: Interconnections in the Second Millennium BC*, London: British Museum Press, 1995, p. 45。

3　Lyvia Morgan, 1995, pp. 29-53。

4　Reynold Higgins, *Minoan and Mycenaean Art*, London: Thames and Hudson, 1967, pp. 90, 150, 172.

5　Arthur J. Evans, "The Mycenaean Tree and Pillar Cult and its Mediterranean Relations: With Illustrations from Recent Cretan Finds", *Journal of Hellenic Studies*, Vol. 21, 1901, pp. 48-54.

从希腊传到埃及的物品主要是日常生活物品,以陶器为主,还有一些动物和植物产品,比如橄榄和橄榄油等。第二类是政治或外交物品,这类物品一般比较贵重并且工艺精良,比如贵金属器皿、上等的纺织品和艺术品等。[1]这些都属于物质文明交流的范畴,本节重点讨论考古证据充实的陶器和橄榄。

现有的考古发现表明,最早出现在埃及的迈锡尼陶器是在图特摩斯三世时期(Tuthmosis III,公元前1504至前1450年在位)。英国考古学家弗林德里·皮特里爵士(Sir Flinders Petrie)于1889年在中埃及的法扬地区发掘出一座大型墓葬。因为其中一具骸骨上佩戴多种刻有"女主人马克特之屋"字样的贵金属饰品,所以皮特里将其命名为"马克特墓"。据推测,这座墓的使用时间大概是公元前1525至前1450年,相当于图特摩斯三世统治时期。在马克特墓出土的诸多陶器中,其中有一件保存近乎完好的矮罐,根据陶器的形制和纹饰被认为来自迈锡尼。[2]从形制方面,这个矮罐与希腊科林斯地区的克拉库(Korakou)和色萨利地区的迪米特里阿斯(Demetrias)出土的陶罐相似;从纹饰方面,它的罐口上沿有三处凸状花边,罐身上部的纹饰是两片常春藤叶,既不像迈锡尼IIA时期的那么宽肥,也不像迈锡尼IIIA时期的那么细长,应该是属于这两个时期中间的迈锡尼IIB(公元前1450至前1425年),并且只可能比这个时间稍早,而不太可能更晚。[3]

迈锡尼陶器大规模出现在埃及始于阿玛尔纳时期。阿玛尔纳遗址即

1　Peter Warren, "Minoan Crete and Pharaonic Egypt", in W. V. Davies and Louise Schofield eds., *Egypt, the Aegean and the Levant: Interconnections in the Second Millennium BC*, London: British Museum Press, 1995, p. 8. 瓦伦指出,迈锡尼时期的克里特岛与后期新王国时期的埃及有着密切的交流。

2　现藏于牛津大学阿斯摩林博物馆,编号为1890. 822,除了罐身下部有一点儿缺损处,这个矮罐整体保存完好。

3　Vronwy Hankey and Olga Tufnell, "The Tomb of Maket and Its Mycenaean Import", *The Annual of the British School at Athens*, Vol. 68, 1973, pp. 103−111.

第18王朝国王阿蒙霍特普四世（Amenhotep IV，约公元前1351至前1334年在位，改革后改名为埃赫那吞）在尼罗河东岸新建的都城埃赫塔吞（Akhetaten）。但是埃赫那吞之子图坦卡蒙继位后将首都迁回底比斯，阿玛尔纳遂被废弃。在19世纪90年代和20世纪70年代，考古学家对阿玛尔纳遗址进行了两次大规模发掘。[1] 在这里发现的迈锡尼陶片大约有2000片，复原以后大概有600个陶罐。大部分陶罐的形制都是紧口的，主要是朝圣烧瓶（朝圣者用于从圣地将水或油带回家的器具）和马镫罐（因上部的提手形似马镫而得名）。[2] 这些迈锡尼陶片主要出现在阿玛尔纳城堡遗址的中央区域，也就是埃赫那吞的宫廷遗址地区。[3] 科尔德认为，大部分陶器主要功用不在于陶器本身，而在于陶器里面存储的物品，可能主要是用于存储敬奉阿吞神的橄榄油。因此，这些陶器应该是迈锡尼宫廷中专门为了存储橄榄油而制作的，是迈锡尼和埃及交往中具有礼物性质的物品。[4] 阿玛尔纳发掘出的迈锡尼陶器数量巨大，这似乎可以表明，迈锡尼作为另一个政治实体开始出现在埃及的历史叙述中。

一直到公元前12世纪末，迈锡尼陶器持续出现在埃及的各个重要城镇。[5] 与阿玛尔纳同时期的另一处遗址西西比（Sesebi）也出土了一些迈锡尼陶片。西西比位于努比亚第二瀑布和第三瀑布之间，属于埃赫那吞控

---

[1] 关于阿玛尔纳遗址的早期发掘情况，见Leonard Woolley, "Excavations at Tell El-Amarna", *The Journal of Egyptian Archaeology*, Vol. 8, No. 1-2, 1922, pp. 48-82。最近的发掘情况，见Barry Kemp, "Tell El-Amarna, 2014-15", *The Journal of Egyptian Archaeology*, Vol. 101, 2015, pp. 1-35。

[2] Vronwy Hankey, "Stirrup Jars at El-Amarna", in W. V. Davies and L. Schofield eds., *Egypt, the Aegean and the Levant: Interconnections in the Second Millennium BC*, London: British Museum Press, 1995, pp. 116-124.

[3] Jorrit M. Kelder, 2010, pp. 130-132.

[4] Jorrit M. Kelder, "Royal Gift Exchange between Mycenae and Egypt: Olives as 'Greeting Grift' in the Late Bronze Age Eastern Mediterranean", *American Journal of Archaeology*, Vol. 113, No. 3, 2009, pp. 339-352. 关于埃及新王国的时间段，科尔德是根据考古材料给出的大概时间，并不是王朝实际存续的具体时间。

[5] Jorrit M. Kelder, 2010, pp. 130-132.

制范围。这里出土的陶片在形制、质地和装饰风格方面都与阿玛尔纳出土的陶器一致。但是，西西比在埃及历史上的重要性远不如阿玛尔纳，同时，对该遗址的考古发掘和研究也十分有限。[1]

另外一处大规模出土迈锡尼陶器的遗址是坎提尔－皮拉美西（Qantir-Piramesse）。它位于尼罗河三角洲的东部，是拉美西斯二世（Rameses II，公元前1279至前1213年在位）在喜克索斯人的古都阿瓦利斯（Avaris）附近另建的新都。不过在拉美西斯一世（Rameses I，公元前1292至前1290年在位）和塞提一世（Seti I，公元前1290至前1279年在位）时期，它已经作为法老的行宫了，所以该遗址出土的文物不仅有拉美西斯二世时期的，有的还可以追溯到公元前17世纪早期至前16世纪早期的喜克索斯人时期。在1980至1992年，考古学家在该遗址的第一层和第四层发现了大约100块的迈锡尼陶片，还有一个近乎完整的陶器。第一层的时间是在塞提一世和拉美西斯二世时期，相当于迈锡尼的后期希拉底三期B（LH III B）阶段；第四层的时间与第一层相似，但是有些物品的时间延续到了公元前12世纪。这些陶器复原后的形制以紧口陶器为主，主要是一些梨形罐、球状瓶、两侧平面长颈细瓶、大型马镫存储罐等。也有一些广口陶器，包括浅口杯、提耳长把浅酒杯、圆形底座双耳喷口杯等。这些陶器内的残留物经检测为酒、油、蜂蜜或油膏。大部分陶器属于生活物品，也有少部分被用作装饰用途的奢侈品。[2]

在1993至1994年间，德国科学家在波恩对81块迈锡尼陶片进行了中子活性分析，以追溯它们的产地。后来又进一步检测了57块，一共有138块样品。检测结果显示，其中有60块来自希腊大陆的阿尔戈斯地区，3块

1　Robert S. Merrillees, "Mycenaean Pottery from the Time of Akhenaten in Egypt", Cyprus: Department of Antiquities (Cyprus), 1973.

2　P. A. Mountjoy and H. Mommsen, "Mycenaean Pottery from Qantir-Piramesse, Egypt", *The Annual of the British School at Athens*, Vol. 96, 2001, pp. 123–155.

来自梯林斯地区；还有26块来自塞浦路斯，12块来自巴勒斯坦地区；还有一些不能确定其来源，但是很可能来自塞浦路斯或者埃及本地。[1]结合这些陶器的形制和来源地分析，可以得出三个基本结论。第一，在拉美西斯二世时期，埃及与希腊大陆已经有了大规模的直接贸易往来。第二，在塞浦路斯、巴勒斯坦甚至埃及本土生产的迈锡尼风格的陶器，表明埃及和希腊的贸易往来不仅构成了物品的交流，也为技术的交流提供了机会。第三，埃及和希腊的交流不仅仅是单线性的直接交流，还应该将它视为整个地中海贸易网络的一部分。[2]

正如前文所述，与陶器相伴而来的是橄榄和橄榄油。埃及本身有产油的植物，比如辣木树、蓖麻和芝麻。但是这些植物的产油量和油的质量都比不上橄榄，而后者恰恰是埃及本土所没有的。最早出现在埃及的橄榄被认为是来自黎凡特地区，时间可以追溯到第13王朝时期（约公元前1784至前1668年）。[3]橄榄大规模出现在埃及与陶器情况一致，也是在阿玛尔纳时期。在阿玛尔纳和坎提尔-皮拉美西遗址出土的很多陶器中都发现了橄榄油的残留物。橄榄油除了拥有食用价值，既可以用来当肥皂，还可以用来当香料，在埃及这个没有肥皂也没有以酒精为原料制造香水的地区，它相当于一种奢侈品。由于橄榄树从幼苗到能够产油需要20年左右的时间，但是阿玛尔纳遗址在埃赫那吞统治时期仅使用了不到20年后就被废弃了，在埃及同一时期或更早时期的其他地区也没有发现大规

---

[1] H. Mommsen, T. Beier, A. Hein, C. Podzuweit, and E. Eggebrecht, "Neutron activation analysis of Mycenaean sherds from the town of Rmaesse II near Qantir and Greek-Egyptian trade relations", in S. Demirci, A. Özer, and G. Summers eds., *Archaeometry 1994, Proceedings of the 29th International Symposium on Archaeometry, Ankara 9-14 May 1994*, Ankara: Tübitak, 1996, pp. 169-178.

[2] 关于迈锡尼陶器在地中海其他地区的出现和作用，见Gert Jan van Wijngaarden, "The Role of Mycenaean pottery in Mediterranean Exchange", in *Use and Appreciation of Mycenaean Pottery in the Levant, Cyprus and Italy, ca. 1600-1200 BC*, Amsterdam: Amsterdam University Press, 2002, pp. 275-280。

[3] Jorrit M. Kelder, 2009, p. 343.

模橄榄种植的迹象，所以，在阿玛尔纳遗址陶罐中的橄榄油，不是埃及本地生产和制作的。

尽管橄榄并不是希腊的特产，甚至希腊也不是地中海地区最早出现橄榄树的地区，不管是野生的还是种植的，出现时间都晚于黎凡特地区[1]，但是，综合以下几个方面的证据，我们有理由相信，阿玛尔纳遗址出现的橄榄油来自迈锡尼。首先，在阿玛尔纳遗址的壁画上出现了国王埃赫那吞向神灵敬献橄榄枝的图案；在阿玛尔纳中心城区的一间房子里发现了橄榄叶编织的花环。这些都是已知最早出现在埃及艺术中的橄榄形象。这些艺术形象与迈锡尼发现的艺术形象有着高度相似性。[2] 其次，如前所述，迈锡尼陶器最早大规模出现在埃及，也是在阿玛尔纳时期。最后，在阿玛尔纳和坎提尔－皮拉美西遗址出土的马镫罐正是存储这种橄榄油的最佳器具。[3] 甚至有学者进一步认为，橄榄及橄榄油是埃及的阿蒙霍特普三世和埃赫那吞与迈锡尼王室之间的"致敬礼物"，并认为这一时期的埃及与迈锡尼王室之间已经建立了正式的外交关系。[4]

反观在迈锡尼发现的埃及物品，第一类是手工艺品的原材料，比如玻璃、石材、木材、黄金、鸵鸟蛋、贝壳，可能还有半成品石材、象牙；第二类是成型的产品，比如石膏和釉陶产品、陶罐及其内部存储物品。本节重点探讨玻璃和釉陶产品。

青铜时代后期地中海地区拥有玻璃加工技术的主要是美索不达米亚

---

[1] C. N. Runnels and J. Hansen, "The Olive in the Prehistoric Aegean: The Evidence for Domestication in the Early Bronze Age", *Oxford Journal of Archaeology*, Vol. 5, 1986, pp. 299-308.

[2] Jorrit M. Kelder, 2009, p. 344. 当然，橄榄叶编织的花环应该是从当地的橄榄树上摘取的，说明埃及人在此时已经有种植的橄榄树。不过，这时期的种植应该还没有达到大规模产油的种植园水平，因为最早的橄榄种植园证据来自拉美西斯二世时代。见Jorrit M. Kelder, 2010, pp. 131-132, note 25, 26。

[3] Vronwy Hankey, 1995, p. 117.

[4] Jorrit M. Kelder, 2009, p. 346.

和埃及。[1]在埃及的坎提尔-皮拉美西遗址，考古学家发现了大量制作玻璃的器具，主要是含有玻璃元素的容器和坩埚。在这个遗址中，出土了大约1100件残片，其中容器残片有250至300件，其余的基本是坩埚残片。[2]其中有一件大部分保存完好的坩埚，它内部嵌蚀有一块厚厚的玻璃锭。这块嵌蚀的玻璃锭中含有丰富的石英颗粒，其形态和大小各不相同。还混有少量较大的圆形沙粒和更多极细的石英粉尘。沙粒中又有一些稀有的黑色矿物，可能是玻璃中的污染物。石英粉则被认为是玻璃制作工艺中的一种原料（硅）的成分。这个坩埚中的这些配料不知出于何种原因被废弃了，因而被保留了下来。更重要的是，在乌鲁布伦沉船[3]的文物中发现了大量与这些坩埚内在大小和形状方面相匹配的彩色玻璃锭，说明玻璃可能是这一时期埃及和希腊贸易中的重要物品。[4]

但是，如何证明埃及的玻璃确实销往了迈锡尼呢？新的科技考古成果为这些问题提供了答案。2009年，美国和比利时的联合科研团队对馆藏于保罗·盖蒂博物馆（J. Paul Getty Museum）的11颗浮雕玻璃珠进行了最先进的主要成分和微量元素化学成分分析。这些玻璃珠出土于迈锡尼时期希腊的梯林斯宫殿中心，时间大概是公元前1400至前1300年。这次测量采用了激光消融飞行时间测量电感耦合等离子体质谱法（LA-ICP-TOFMS），这种方法具有快速测量质量的能力，非常适合激光烧蚀取样产生的瞬态气相溶胶的测量。激光烧蚀取样被认为是侵入性最小的定量测

1　M. S. Walton, et al., "Evidence for the Trade of Mesopotamian and Egyptian Glass to Mycenaean Greece", *Journal of Archaeological Science*, Vol. 36, 2009, pp. 1496-1503.

2　Thilo Rehren and Edgar B. Pusch, "New Kingdom Glass-Melting Crucibles from Qantir-Piramesses", *The Journal of Egyptian Archaeology*, Vol. 83, 1997, pp. 127-141.

3　在土耳其乌鲁布伦海岸附近发现的古埃及沉船。约公元前1316至前1305年前后，该船在从埃及经叙利亚、塞浦路斯、阿纳多卢驶往罗德岛时沉没。1984年被发现，1994年打捞出水，船上发现了大量古埃及和古希腊的珍贵文物。

4　Thilo Rehren and Edgar B. Pusch, "Late Bronze Age Glass Production at Qantir-Piramesses, Egypt", *Science*, Vol. 5729, 2005, pp. 1756-1758.

量技术，只刺出一个60微米宽、50至100微米深，肉眼不可见的小坑，这对于在博物馆展出的小体积珍贵玻璃珠的保护性研究非常重要。这次检测依据镉、铬、锆、镧等微量元素含量水平的不同。结果显示，11颗浮雕玻璃珠中，有5颗来自美索不达米亚的玻璃制造作坊，有6颗来自埃及的玻璃制造作坊。[1] 当然，也有学者认为，可能希腊人只是从埃及和美索不达米亚进口玻璃锭等初级产品，后续的精加工可能是希腊本土工匠完成的。[2]

埃及一直有用釉陶制作各种物品的传统。在前王朝和早王朝时期，就有用釉陶做的珠子、雕像、护身符和献祭贡品；古王国时期开始有了瓷砖；中王国时期开始有釉陶动物雕像；釉陶的碗和盘子，以及带有花卉或动物装饰的酒杯则可追溯到新王国时期。[3] 釉陶之所以在埃及受到高度重视，主要是因为它们的象征意义。釉陶在古代埃及叫作thnt，来源于词根-thn，其含义是"闪耀""耀眼"。古代埃及人将釉陶与太阳从阴间复活并发出光芒的传说联系起来，本质上是对于人的来生世界的美好祝愿。此外，釉陶的颜色被认为是天空的颜色，釉陶本身的光泽也被认为是一种特殊的象征。釉陶看起来很像天青石和绿松石，后二者在古代埃及人的今生和来世生活中都被认为是圣物，所以釉陶还经常用作这些更昂贵物品的替代品。[4]

在迈锡尼时期的希腊发现的埃及釉陶物品中，有两件动物小雕像尤

---

[1] M. S. Walton, et al., 2009, pp. 1496–1503.

[2] K. Nikita and J. Henderson, "Glass Analyses from Mycenaean Thebes and Elateia: Compositional Evidence for a Mycenaean Glass Industry", *Journal of Glass Studies*, Vol. 48, 2006, pp. 71–120.

[3] 关于古代埃及釉陶的整体发展情况，见A. Kaczmarczyk and R. E. M. Hedges, *Ancient Egyptian Faience: An Analytical Survey of Egyptian Faience from Predynastic to Roman Times*, Warminster: Ars and Phillips, 1983; Donald B. Redford ed., *The Oxford Encyclopedia of Ancient Egypt*, Vol. 1, Oxford: Oxford University Press, 2001, pp. 491–496, "Faience"。

[4] Amanda-Alice Maravelia, "Ancient Egyptian Inscribed Faience Objects from the Benaki Museum in Athens", *Journal of Near Eastern Studies*, Vol. 61, No. 2, 2002, pp. 81–82.

其值得注意。1896年，希腊考古学家特松塔斯在迈锡尼的卫城遗址发现一个釉陶制的猴子小雕像。这个猴子小雕像的右上臂有一处印章，印章中有埃及法老阿蒙霍特普二世（Amenhotep II，约公元前1427至前1400年在位）的名字。这个釉陶猴子小雕像呈残片状态，只有头、上身、肘部以上的上臂、背部上半部分和尾巴的最后一段还保留着，保留下来的躯体长约1.5厘米，加上头则有2厘米左右，躯体直径为1.3厘米，复原后的形态大概是蹲姿或坐姿。比较幸运的是，这个猴子小雕像手臂上的印章基本完好，只有边缘有两处磨损，其中的象形文字清晰可辨，刻写清楚准确，这就可以确定这个小雕像是来自埃及本土。[1] 1977年，德国考古学家克劳斯·基里安在梯林斯遗址的迈锡尼时期考古层，也发现了一个釉陶猴子小雕像。这个雕像同样是残片形态，复原后的形象是一只站立的母猴子怀里抱着一只小猴子。在母猴的右上臂，同样有一个带有阿蒙霍特普二世名字的印章。同样幸运的是，这个印章也基本完好，通过印章也能确认这是来自埃及本土。[2]

1968年，威廉·泰劳勋爵领导的希腊和英国联合考古队在迈锡尼遗址的祭仪中心区域发现了一块釉陶匾牌大块残片，上面刻有埃及法老阿蒙霍特普三世的名字。泰劳团队在1969年又发掘出另一块匾牌残片，尽管这两块残片没有直接联系，考古学家认为这些残片可能都来自同一块匾牌。从1886年发现第一块匾牌至此，在迈锡尼遗址一共已经出土了11块匾牌的残片。通过对这些釉陶残片的复原，可以重构这些匾牌的基本形态，大约11厘米宽，1.5厘米高，长度在10到20厘米之间，这些匾牌的正反两面都刻有象形文字，文字清楚可释读，意思是"正义之神涅巴马

---

[1] 在埃及本土也发现了一些类似的猴子小雕像，其中在阿玛尔纳遗址就发现了一个高5.4厘米的猴子小雕像。

[2] Eric H. Cline, "Monkey Business in the Bronze Age Aegean: The Amenhotep II Faience Figurines at Mycenae and Tiryns", *The Annual of the British School at Athens*, Vol. 86, 1991, pp. 29-42.

特-拉，拉神之子，阿蒙霍特普，底比斯的统治者，给予生命"。这类匾牌在第18王朝的埃及比较普遍，通常用于神龛等建筑的基脚。尽管考古学家目前还不能确认这块釉陶匾牌是不是产自埃及，也不清楚这些匾牌在迈锡尼的作用究竟是什么，但是至少可以证明：阿蒙霍特普三世时期的埃及与希腊的迈锡尼已经有了较为密切的往来，甚至可能是正式的官方往来。[1]

通过迈锡尼时期的希腊与埃及物质文明交流的基本情况，可以得出一些结论。首先，在希腊的迈锡尼时期，即埃及的新王国时期，东地中海各地区的文明发展程度不一。埃及正处于古代文明发展的顶峰时期，不管是政治制度还是物质文明的发展，都处于领先地位；迈锡尼虽然有比较强大的王权，也有比较宏伟的宫殿建筑，但是整体发展程度并不如埃及；黎凡特地区在这个时期处于迈锡尼、埃及和亚述帝国等几大势力之间，没有发展起独立的强大政权，参与东地中海地区交流的主要方式是贸易。这一点，从迈锡尼和埃及出土的物品就可以看出。在迈锡尼出土的物品，既有来自埃及的，也有来自黎凡特地区的，并且主要是玻璃、釉陶等较为贵重的物品；在埃及出土的物品，同样既有来自迈锡尼的，也有来自黎凡特的，主要是生活用品，尤其是制作技术比较简单的陶器。其次，在埃及和迈锡尼发现的一些较为贵重的物品，艺术价值和仪式价值远远高于实用价值。这就说明这些物品是用于上层社会的礼仪性活动。正如前所述，一些学者基于这些物品勾勒出了更为宏观的图景：在公元前15世纪至前13世纪，埃及和迈锡尼之间存在着具有正式外交性质的多种直接交往。[2] 最后，尽管本节主要关注的是物质文明交流，但是物质文

---

1 Eric H. Cline, "An Unpublished Amenhotep III Faience Plaque from Mycenae", *Journal of the American Oriental Society*, Vol. 110, No. 2, 1990, pp. 200-212; Christine Lilyquist, "On the Amenhotep III Inscribed Faience Fragments from Mycenae", *Journal of the American Oriental Society*, Vol. 119, No. 2, 1999, pp. 303-308.

2 Jorrit M. Kelder, 2010, p. 133; Eric H. Cline, "Egyptian and Near Eastern Imports at Late Bronze Age Mycenae", in W. V. Davies and L. Schofield eds., *Egyptian, the Aegean and the Levant*, London: British Museum Press, 1995, pp. 94-95.

明交流必然伴随着文化的交流。[1]正是这种物质和思想交流的相互作用,促进了这一时期希腊社会的发展,奠定了希腊与东方之间密切联系的基础。尽管希腊地区在迈锡尼时代后期陷入了所谓的"黑暗时代",但是迈锡尼时期的这种交流,无疑是后来"东方化时代"的序曲。

第三节　腓尼基人是希腊人的老师?

腓尼基人(Phoenician)是一个古老的民族,他们的居住范围主要在地中海东岸,大致相当于现在的黎巴嫩和叙利亚沿海一带,是闪米特人的一支,自称迦南人(Canaan)[2],希腊人称他们为"腓尼基人"[3]。公元前10世纪至前8世纪是腓尼基人最为活跃的时期,这一时期的腓尼基人在进行商贸活动的同时也进行殖民活动,在小亚细亚、爱琴海沿岸和北非许多地区建立了诸多殖民地,后来则进一步殖民到意大利、西班牙等地中海西岸地区。推罗、西顿以及后来北非的迦太基都是重要的腓尼基城镇。早在20世纪初,就有学者认为,腓尼基人不仅是地中海地区最先走上文明化的族群,也是这一地区海上贸易的先行者。[4]

1　Jorrit M. Kelder, 2010, p. 137.
2　关于腓尼基人与内陆的迦南人(如希伯来人)的关系,学界一度认为二者之间的差别相当大,甚至认为腓尼基人不是迦南人,不过现在一般认为南部的腓尼基人跟内陆的迦南人在语言习俗方面没有大的区别,区别较大的北部城市如乌伽里特则不被认为属于腓尼基。《圣经》里面推罗和西顿等腓尼基城市往往和其他与希伯来人有关系的族群相并列。在一般的学术著作中,迦南和腓尼基基本上是两个平行的概念,"迦南"更偏重族群之意,"腓尼基"则更偏重地域之意。见约翰·布莱特:《旧约历史》,周南翼、张悦等译,四川人民出版社,2014年,第134—136、231—232页。
3　学界普遍认为,因为腓尼基人的服饰尚红、尚紫,所以希腊人称其为腓尼基人(字面意思是"来自紫色国度的人"),见Michael C. Astour, "The Origin of the Terms 'Canaan,' 'Phoenician,' and 'Purple'", *Journal of Near Eastern Studies*, Vol. 24, No. 4, 1965, pp. 346-350。也有学者认为,希腊人对腓尼基人的这一称谓,可能来自埃及人对迦南人的称谓Fenkhu,见Ju. B. Tsirkin, "Canaan. Phoenicia. Sidon", *Aula Orientalis*, 2001, pp. 271-279。
4　S. H. Butcher, "Greece and Phoenicia", in *Harvard Lectures on Greek Subjects*, London: Machilan and Co. Limited, 1904, p. 44.

关于腓尼基人与希腊人在古风时代早期的文明交流情况，由于流传下来的腓尼基文献很少，所以现代学者所依据的古代文献主要是希腊文献。其中，最值得关注的是卡德摩斯带给希腊人文字的故事。相传卡德摩斯是腓尼基国王阿格诺尔（Agenor）之子，他的妹妹欧罗巴被宙斯诱拐到了希腊，卡德摩斯奉父亲之命带领族人寻找欧罗巴，最后根据德尔斐的阿波罗神谕建立了底比斯城。[1] 关于这个故事，最早的也是最详尽的记载来自希罗多德："盖斐拉人（Gephyraeans）是与卡德摩斯一道来的腓尼基人，他们定居在雅典这个地方，把许多知识带给了希腊人，特别是我认为希腊人一直不知道的一套字母。但是久而久之，字母的声音和形状就都改变了。这时住在他们周边的希腊人大多数是伊奥尼亚人。伊奥尼亚人从腓尼基人那里学会了字母，但他们在使用字母时却少许地改变了它们的形状，他们把这些字母称为'腓尼基字母'，这是十分正确的，因为这些字母正是腓尼基人带到希腊来的。"[2] 希罗多德的这段话被后世研究者广泛引用，并衍生出一种被人们普遍接受的观念：腓尼基人是希腊人的老师。[3]

除了文字，还有诸多技术和艺术的发明或引入也被一些古代作家归

---

[1] 这个传说有数个不同的版本，这个版本流传最广，主要是因为希罗多德和欧里庇得斯的记载以及他们的作品的广泛影响力。相关的记载见 Herodotus, *History*, II. 49, IV. 147, V. 57ff; Euripides, *The Phoenician Women*, 5f, 638ff; Euripides, *The Bacchae*, 170–172, 1025. 但是值得注意的是，希罗多德并未提及卡德摩斯与欧罗巴的关系。

[2] Herodotus, *History*, V. 58. 希罗多德还考证了盖斐拉人的来源，"他们自称是来自厄立特里亚（Eretria），但是根据我的探究，他们是腓尼基人，属于和卡德摩斯一同来到今天称为波伊奥提亚之地的那一部分腓尼基人"，见 Herodotus, *History*, V. 57. 希罗多德的记载或许透漏了一个真相，腓尼基字母很可能真是厄立特里亚人传到希腊的，因为厄立特里亚人所居住的优卑亚岛（Euboea）正是最早与东方接触和交流的希腊地区，下文将详述这一问题。

[3] 古代罗马作家普林尼、塔西佗、希吉努斯都有较为详细的记载和讨论，见 Pliny, *The Natural History*, VII. 192; Tacitus, *The Annals*, XI. 14; Hyginus, *Fabulae*, 277. 当然，希罗多德并未明确说腓尼基人是希腊人的老师，这种观念的表达实际上是借用了尤西比乌斯（Eusebius）引用的桑科尼亚同（Sanchoniaton）残篇中的一句话——"在书写艺术方面，埃及人是腓尼基人的老师"。后世的人们逐渐忘记了埃及人与腓尼基人的关系，却因为希罗多德而记住了"腓尼基人是希腊人的老师"。见 Nissim R. Ganor, *Who Were the Phoenicians?* Glil Yam: Kotarim International Publishing, 2009, p. 201。

功于卡德摩斯。据说他在色雷斯发明了黄金的冶炼和锻造技术，在底比斯发明了青铜锻造技术，在底比斯或者腓尼基发明了采石技术；据说底比斯的某处水渠也是由他最早修建的，甚至还有一些作家将里拉琴的引入也归功于他。[1]关于这些技术和艺术的传入，由于缺乏足够的证据，我们只能将其当作反映了一定历史事实的传说。不过，很多学者认为，在所有与卡德摩斯相关的传说中，文字的传入是可以通过相关历史证据来验证的。英国著名神话学家罗斯认为，卡德摩斯与文字的传说已经非常接近事实真相了，因为希腊字母大部分都是从北闪米特文字演化而来。[2]甚至有学者认为，希腊字母的腓尼基起源是整个卡德摩斯传说中唯一可以确定的历史元素。[3]

实际上，关于希腊字母的来源，希罗多德之前的作家有各种不同的记载。斯特西克鲁斯（Stesichorus，约公元前640至前555年）说是攻打特洛伊的英雄之一帕拉美迪斯（Palamedes）发明了字母。还有一些作家将字母的发明分别归功于一些神话人物或英雄人物，如赫尔墨斯（Hermes）、力诺斯（Linos）或刻克洛普斯（Kekrops）。另外一些作家则早就认为字母并不是希腊人发明的，而是从其他地方引入的，有人认为是米利都的赫卡泰奥斯（Hekataios of Miletos）引入的，有人认为是达那奥斯（Danaos）从埃及引入的。[4]当然，由于这些不同的记载基本上只流

---

1 古代作家的记载分别见于Pliny, *The Natural History*, VII. 197; Hyginus, *Fabulae*, 277; Pliny, *The Natural History*, VII. 195。

2 H. J. Rose, *A Handbook of Greek Mythology: Including its Extension to Rome*, London: Methuen and Co. Ltd., 1928, p. 185.

3 出自约翰·代伊（John Day）在第39届美国考古学会全体大会上提交的论文《卡德摩斯的字母》（"The Letters of Cadmus"）摘要，《美国考古学杂志》发表了这次会议的摘要，见John Day, "Thirty-Ninth General Meeting of the Archaeological Institute of America", *American Journal of Archaeology*, Vol. 42, No. 1, 1938, p. 125。

4 关于古代作家的不同记载，苏格兰阿伯丁大学的爱德华兹教授进行了详细梳理和分析，见Ruth B. Edwards, *Kadmos the Phoenician: A study in Greek Legends and the Mycenaean Age*, Amsterdam: Adolf M. Hakkert, 1979, pp. 22–23。

传下来只言片语的残篇，其中包含了多少历史事实已不可考，所以我们重点分析的还是希腊字母的腓尼基起源问题。

这个问题的一个关键点在于，根据相关传说，卡德摩斯和欧罗巴兄妹所处的时间应该是特洛伊战争之前，最早可以追溯到公元前15世纪，但是字母文字传入希腊地区，实际上是公元前8世纪的事情，因为到目前为止，还没有任何证据表明字母文字的引入早于公元前8世纪。[1] 英国考古学家约翰·迈尔斯爵士（Sir John Myres）在他的名著《谁是希腊人》中认为，希腊贵族家族的谱系得到了完整而细致的保存，可以通过不同家族的谱系相互印证，从历史上来说，是可以信任的年代学资料。在此基础上，迈尔斯估算出与卡德摩斯的传说相关的历史事实应该是在公元前1400年前后。[2] 英国历史学家哈蒙德于1959年在其巨著《希腊史》的第一版中写道，"虽然一个家族的谱系以之得名的祖先或神灵只能看作是这个家族传统的回溯，但是一个王朝的谱系中先后相继的名字应该是有历史依据的"，所以他认为卡德摩斯是"在特洛伊战争之前六代从腓尼基来到底比斯并建立了一个王朝"，他以30年为一代，计算出这一事件的时间是在公元前1380年前后。[3] 在1967年的第二版中，这里的"六代"减为"五代"了，并且其时间也修正到约公元前1350年，大概是为了更好地与底比斯的证据相一致。[4] 瑞士学者尼克松根据特洛伊战争的时间（他认为是公元前1250年）推算卡德摩斯到达希腊的时间是公元前1430年。[5]

20世纪早期，曾有一些学者试图将字母文字传入希腊的时间往前推到上述传说时期。芝加哥大学古典学家乌尔曼认为，腓尼基字母是在青

1　A. G. Woodhead, *The Study of Greek Inscriptions*, Cambridge: Cambridge University Press, 1959, pp. 13ff; Oswyn Murray, *Early Greece*, Brighton: Harvester Press, 1980, pp. 90-98.

2　John Myres, *Who Were the Greeks?* Berkeley: University of California Press, 1930, pp. 297-308.

3　N. G. L. Hammond, *A History of Greece*, Oxford: Clarendon Press, 1959, p. 60.

4　N. G. L. Hammond, *A History of Greece*, Oxford: Clarendon Press, 1967, p. 60.

5　Ivor Gray Nixon, *The Rise of the Dorians*, Puckeridge: The Chancery Press, 1968. pp. 134-136.

铜时代由卡德摩斯引入到希腊来的，他根据希腊化时代作家埃拉托斯特尼（Eratosthenes）的记载，将这一事件的时间定为公元前1313年，并且认为埃拉托斯特尼的记载"很可能是正确的"。[1] 直到1968年，英国语言学家狄林格的《字母史》，仍然采用了公元前1313年这一说法。[2] 这种观点面临的最大难题是，如果腓尼基字母传入希腊的时间如此之早，那么从公元前14世纪至前8世纪这将近600年的时间里，应该会留下相应的史料证据，但是我们现在没有发现任何相关的证据。

一些学者认为，卡德摩斯所引入的并不是古典时代所使用的希腊字母，而是线形文字B或者某种青铜时代的书写符号。美国古典艺术史家莱斯·卡彭特根据迈尔斯的研究认为，与卡德摩斯相关的文字传入希腊的时间是在公元前1400年，他认为这种文字就是线形文字B。[3] 还有一些学者基于φοίνιξ的词义分析对这一问题进行了另一种解读。[4] 希腊籍考古学家米洛纳斯认为，"神话传说中卡德摩斯传入希腊的字母，很有可能是一种用红色颜料所书写的图画文字，这种文字因其颜色而被称为φοινικήια。卡德摩斯所处的时间是公元前15世纪末或前14世纪初，可能意味着这种图画文字也是在这个时间传入希腊的"[5]。美国康奈尔大学古典学家埃尔认为，与φοίνιξ相关的文字最初可能是因为写在棕榈叶上面而

1　B. L. Ullman, "The Origin and Development of the Alphabet", *American Journal of Archaeology*, Vol. 31, 1927, pp. 311-328. 但是，20世纪70年代有学者考证，公元前1313年这个时间，并不是埃拉托斯特尼提出来的，最早是英国古典学家克林顿（Henry Fynes Clinton）于1834年根据埃拉托斯特尼的记载推算出来的。但是后来很多学者都直接将这个时间来源归于埃拉托斯特尼。见Ruth B. Edwards and G. P. Edwards, "Eratosthenes and the Date of Cadmus", *The Classical Review*, Vol. 24, No. 2, 1974, pp. 181-182。

2　David Diringer, *The Alphabet: a Key to the History of Mankind*, New York: Funk and Wagnalls, 1968, p. 358.

3　Rhys Carpenter, "Letters of Cadmus", *The American Journal of Philology*, Vol. 56, No. 1 1935, pp. 5-13.

4　Φοίνιξ这一词除了"腓尼基人"这一层意思以外，还有"红色""棕榈"之意。详见Michael C. Astour, 1965, pp. 346-350。

5　George E. Mylonas, *Mycenae and the Mycenaean Age*, Princeton: Princeton University Press, 1966, p. 204.

得名,他认为希腊人最早的文字就是写在棕榈叶上,后来才转变为在模仿棕榈叶形状做成的泥板上刻写。[1]因为棕榈叶不像泥板那样可以大量保存下来,所以我们无法验证这种假说有多大可能性。上述所有假说,都面临着另一个问题:卡德摩斯与这些文字之间究竟有什么切实的关系?这个问题到目前为止都没有任何相应的考古证据可以解答[2],所以这些说法也只能是各位学者自持一家之言的假说。

我们最好还是回到希罗多德的记载,因为这是我们所拥有的最早也是最详细的文字史料。希罗多德首先讨论了腓尼基字母如何传入希腊、希腊人如何改造并运用这种腓尼基字母,然后说他自己亲自在底比斯的伊司美诺斯·阿波罗(Ismenian Apollo)神庙看到了这种文字刻在某些三脚架上面,它们大部分和伊奥尼亚的字母相似。这些三脚架上的文字叙述了敬献这些祭品之人,分别是安菲特里翁(Amphitryon)、拳击家斯凯奥斯(Scaeus)、拉奥达马斯(Laodamas),希罗多德认为前两位是与俄狄浦斯(Oidipous)之父拉伊奥斯(Laios)同时代的人。[3]德国学者比桑茨认为,希罗多德在这里看到的文字就是线形文字B铭文。[4]这一论断的重要依据就是波伊奥提亚地区出土过属于公元前5世纪的线形文字B铭文,也就是说,迈锡尼文明衰落以后若干世纪里,人们在底比斯的某些场合

---

[1] F. M. Ahl, "Cadmus and the Palm-Leaf Tablets", *The American Journal of Philology*, Vol. 88, No. 2, 1967, pp. 188–194.

[2] 从已经发现的古代铭文来看,最早作为"字母"之意的Φοινικήια铭文出现在提奥斯(Teos),托德将其时间定为公元前470年,见 M. N. Tod, *A Selection of Greek Historical Inscriptions Vol. 1: to The End of the Fifth Century BC*, Oxford: Clarendon Press, pp. 27–30;最早作为"刻写"之意的Ποινικαστάς和作为"书写"之意的Ποινικάζεν的铭文发现于克里特,时间大约是公元前500年,见L. H. Jeffery and A. Morpurgo-Davies, "Ποινικαστάς and Ποινιχαζεν: BM 1969. 4-2.1, A New Archaic Inscription from Crete", in *Kadmos*, 1970, pp. 118–154。

[3] Herodotus, *History*, V. 59ff.

[4] H. Biesantz, "Mykenische Schriftzeichen auf einer böotischen Schale des 5. Jahrhunderts v. Chr", in E. Grumach ed., *Minoica: Festschrift zum 80. Geburtstag von Johannes Sundwall*, Berlin: Akademie-Verlag, 1958, pp. 50–60.

仍然在使用线形文字B。[1]但是曾任英国雷丁大学博物馆馆长的学者尤尔认为，这三处所谓的线形文字B文书，其实不过是一种装饰性的填充图案，与波伊奥提亚地区出土的彩陶器皿上面的文字绝不相同。她更进一步论证说，希罗多德说这些字母"大部分和伊奥尼亚的字母相似"，就充分说明这种文字不可能是线形文字B。最有可能的解释是，希罗多德所看到的这几件祭品上的文字，要么是伪造的古风时期的文字，由底比斯的祭司刻写到古老的文物上；要么是真正的古风时代的文字，但是到希罗多德的时代已经无人能识了，底比斯的祭司对这些文字做了错误的解读。[2]笔者认为，从希罗多德对这几件三脚架祭品及其文字的详细解读，可以推断出希罗多德确实亲自看到过这些实物及其文字，并且认识这些文字。但是线形文字B与伊奥尼亚字母区别太大，并且没有任何相关信息表明希罗多德认识迈锡尼时代的线形文字B。因此，极有可能是古风时代或古典时代的人将后来传入和发展起来的字母文字刻写到了古代流传下来的文物上了。

总而言之，自古典时代以来，希腊人基本上都承认了希腊字母来源于腓尼基字母，即便卡德摩斯的传说可以追溯到公元前15世纪，但是希腊作家在谈及与卡德摩斯相关的文字时，自然应该是指后来传入希腊的腓尼基字母。对于这个问题，爱德华兹提供了另外一种解释，他认为卡德摩斯的传说最早是纯粹希腊人的传说，只是因为古风时代腓尼基人对希腊文化的重要影响，腓尼基起源说才被加入到这些古老的传说中。在这些希腊元素和腓尼基元素混合的过程中，尤其是关于文字的起源问题，出现了时间错位，将迈锡尼时代的元素和古风时代的元素混淆了。[3]

---

[1] 比桑茨认为，现存于希腊拉里萨博物馆（Larissa Museum）的一个双耳浅口酒碗（κύλιξ）上的文字是线形文字B。

[2] A. D. Ure, "Linear B at Larissa", *Bulletin of the Institute of Classical Studies*, No. 6, 1959, pp. 73–75.

[3] Ruth B. Edwards, 1979, pp. 87–135.

古代作家之所以将文字和其他诸多发明都归功于属于英雄时代的卡德摩斯，一个主要因素是公元前5世纪以来理性思维的发展和民族学思考的出现。民族学思考的表现形式之一就是把不同民族的齐名英雄（或者因为某种叙事模式而造成的同名英雄）放在一个能够联系彼此的族谱关系中。我们经常可以在希罗多德的著作中看到这种兴趣——对各民族的起源和彼此之间关系的浓厚兴趣。[1] 在卡德摩斯的传说中，就有作家将卡德摩斯和腓尼基、西里西亚和塔索斯的各种英雄人物联系在一起。民族学思考的过程很明显地体现在相对晚近的作家如尤斯塔西奥斯（Eustathios）的作品或者他的史料来源中，他将叙利亚、推罗和西顿的一些英雄人物都纳入卡德摩斯家族的谱系中。虽然这些描述有很大的想象和比附成分，但是不可否认这些想象和比附都有一定的事实基础，这个基础就是腓尼基人在希腊人的历史上，或者更准确地说，在古风时代早期希腊人与其他民族交流的历史上占有重要地位。

关于腓尼基人与希腊人在古风时代早期的文明交流情况，现代考古发掘已经提供了一些基本的证据。从希腊的迈锡尼时期起，就有腓尼基人在东希腊和爱琴海岛屿活动。但是迈锡尼文明的衰落和海上民族的入侵造成了这种交流的中断。到了古风时代早期，腓尼基人在上述地区的活动更加频繁。考古学家在罗德岛发现了最早属于早期塞浦路斯几何陶I期（公元前1050至前950年）的陶瓶，属于中期和后期塞浦路斯几何陶时期的器皿则存在着显著增加的趋势，主要集中在公元前8世纪。[2] 其中，人们在伊奥利索斯（Ialysos）不仅发现了原产于塞浦路斯和腓尼基地区的红陶抛光菇口罐（jugs with red-burnished mushroom-lip），还有各种模仿这种红陶罐的当地制品。英国考古学家科尔德斯特里姆认为，约公元前725

---

1 A. W. Gomme, "The Legend of Cadmus and the Logographi", *The Journal of Hellenic Studies*, Vol. 33. 1913, pp. 53−72.

2 Edward Lipiński, *Itineraria Phoenicia*, Leuven: Peeters, 2004, p. 146.

年以后，腓尼基人在罗德岛的制陶作坊生产的小型彩陶长颈瓶已经不仅销往爱琴海岛屿及沿岸各地，甚至遍及整个地中海世界。在一些神庙的储物库和地下洞穴中发现的各种献祭品，尤其是在伊奥利索斯和林多斯（Lindos）的发现，也证实了东希腊人与腓尼基人在公元前8世纪和前7世纪的接触和交往。[1]

在萨摩斯岛南端的赫拉神庙（可能建于公元前11世纪至前10世纪），出土了大量东方和埃及的象牙与青铜制品，还有大量的塞浦路斯陶瓶，其分布时间从公元前8世纪末一直到前6世纪初。其中腓尼基和北叙利亚的象牙制品集中出现在公元前725年前后。[2] 考古学家在赫拉神庙中总共发现了184件青铜制品，其中有不少明显是从叙利亚、腓尼基和塞浦路斯等地传来的，其时间基本在公元前650年前后。[3] 这里还发现了一个饰以四位裸体女神浮雕的马头雕像和一对属于一副马具中的眼罩。这两件物品上的阿拉米亚铭文表明，这是大马士革的哈扎尔（Hazael）国王授予某人的奖励。[4] 在优卑亚岛厄立特里亚的阿波罗神庙遗址发现的一副马具眼罩上的哈扎尔铭文也使用了同样的措辞。爱德华·利平斯基认为，这几件带铭文的物品都属于公元前9世纪后期，但并不是在那个时期传入萨摩斯和优卑亚的，而是在后来希腊人与叙利亚和腓尼基人的商贸活动中得到然后捐献给神庙的。[5]

在萨摩斯发现了三把来自西班牙的雕刻象牙梳子，考古学家认为它

1　J. N. Coldstream, "The Phoenicians of Ialysos", *Bulletin of the Institute of Classical Studies*, Vol. 16, 1969, pp. 1−8.

2　Edward Lipiński, 2004, p. 155. 关于腓尼基、象牙贸易的整体考察，见Richard D. Barnett, "Phoenicia and the Ivory Trade", *Archaeology*, Vol. 9, No. 2, 1956, pp. 87−97。

3　Edward Lipiński, 2004, p. 156.

4　对该铭文的释读和解释见Israel Eph'al and Joseph Naveh, "Hazael's Booty Inscriptions", *Israel Exploration Journal*, Vol. 39, 1989, pp. 192−200。

5　Edward Lipiński, 2004, p. 156.

们是腓尼基人在安达卢西亚地区瓜达尔基维尔河（Guadalquivir）下游的作坊生产的。希罗多德曾记载过萨摩斯与西班牙西南地区的塔尔提索斯（Tartessos）的一次偶然交流。一艘萨摩斯的船在公元前640年，从原本前往埃及的航线被一场风暴吹向了西班牙南部的塔尔提索斯。[1] 希罗多德称这艘船的领导者克莱奥斯（Kolaios）是第一个踏足南西班牙的人，但从公元前8世纪早期开始，腓尼基人就已经活跃在南部西班牙地区，他们的殖民地更是密集地分布在西班牙南海岸。萨摩斯人不可能是最早的外来造访者，但他们可能是最先到达南西班牙的希腊人。从文献记载来看，关于萨摩斯和南西班牙的交往也仅以意外性的方式发生过一次，但从在西班牙的腓尼基和塔尔提索斯城镇遗址的发现来看，情况相反。在希罗多德的记载中，克莱奥斯回到萨摩斯时，回航的货物为他带来了相当于60塔兰特的巨大财富，说明萨摩斯人在西班牙是有利可图的。[2] 直到东希腊的弗西亚（Phocaea）于公元前6世纪早期在西班牙的西北角建立了殖民城镇（即Ampurias），希腊与西班牙之间可能才有了直接往来。

在优卑亚岛的勒夫坎迪（Lefkandi），人们发现了确定为腓尼基来源的石头、彩陶、印章，以及数量可观的金制首饰。这些金制首饰中的大部分是受东方启发的本地制品，还有一部分是直接从东方进口的。同时，人们在这里也发现了来自塞浦路斯的物品，除了一个公元前10世纪的塞浦路斯长颈瓶和一个可能来自塞浦路斯的权标，其他物品都属于公元前9世纪。[3] 后来，在勒夫坎迪的图姆巴墓葬（Toumba）中又有新的发现，这座墓葬的年份可推到公元前10世纪，陪葬有更多的腓尼基彩陶和玻璃，以及一些腓尼基首饰、埃及彩陶，一个埃及青铜桶形器和一个装饰精致

1　Herodotus, *History*, IV. 152.

2　Herodotus, *History*, IV. 152.

3　J. N. Coldstream, "Greeks and Phoenicians in the Aegean", in H. G. Niemeyer ed., *Phönizier im Westen*, Mainz: Verlag Philipp von Zabern, 1982, pp. 261–275.

的青铜碗，这个青铜碗的埃及化程度较高，但是极有可能是腓尼基人制造的。[1]在雅典发掘的一座公元前9世纪的贵妇人墓中，人们也发现了腓尼基彩陶、玻璃和一些金首饰等陪葬品，这些物品可能是进口的，但是学界普遍认为是当地生产的。[2]

此外，在基克拉迪群岛、色雷斯沿海地区、底比斯、科林斯和克里特等地，人们都发现了可以追溯到公元前8世纪的腓尼基物品和产品。其中，值得注意的是，克里特岛由于其特殊的地理位置，早在公元前19世纪甚至更早就与东方有着密切的往来。在公元前12世纪迈锡尼文明衰落后希腊大陆普遍陷入所谓的"黑暗时代"之际，克里特岛仍然保持了一定的活力，与东方的交流也没有中断。在古风时代初期，很多东方物品和产品通过克里特岛传入了希腊大陆，这一点从古代作家将诸多艺术和技术的发明归功于克里特人就可以得到佐证，比如希罗多德认为斯巴达人的法律就是来库古从克里特借用过来的。[3]普鲁塔克认为是克里特人派了杰出的长笛演奏者萨拉塔斯（Thaletas）来到斯巴达，自那以后斯巴达人才形成在战斗中用长笛奏乐助威的风俗。[4]当然，古典作家对于这类技术性发明的记载，很难通过考古实物证明究竟是来自东方还是由克里特本土发展起来的。不过，考古学家确实在克里特岛的很多地方都发现了在古风时代早期来自东方，尤其是来自腓尼基的物品。在克里特岛南部沿岸的定居点科莫斯，一个建于公元前9世纪末的圣所祭拜室里，考古学家发现了一些腓尼基陶瓶，还有三块以腓尼基风格装饰的圣石。多伦

---

1 M. R. Popham, et al., "Further Excavation of the Toumba Cemetery at Lefkandi, 1981", *Annual of the British School at Athens*, 77, 1982, pp. 213-248; M. R. Popham, et al., "Further Excavation of the Toumba Cemetery at Lefkandi, 1984 and 1986", *Archaeological Reports for 1988*, 1989, pp. 117-129.

2 John Boardman, "Al Mina and History", *Oxford Journal of Archaeology*, Vol. 9, 1990, p. 175.

3 Herodotus, *History*, I. 65.

4 Plutarch, *De Musica*, 10. 转引自Lewis R. Farnell, *The Cults of the Greek States* (Vol. 4), Oxford: Clarendon Press, 1907, p. 248.

多大学考古学教授约瑟夫·肖认为,这表明公元前9世纪至前8世纪期间已经有腓尼基人在此生活了,或者至少有腓尼基水手在此靠岸修整或修葺船只。[1] 位于克里特岛东北部的一个定居点伊塔诺斯(Itanos),被认为是以其腓尼基建立者命名的,因为 Itanos 被认为是来自腓尼基语的动词 ytn(意为"给予"),这个词根在许多腓尼基人的名字中出现过。[2] 据希罗多德记载,这里盛产紫螺。[3] 考古学家在对这里的遗址进行航拍和地球物理学的分析过程中,在其卫城东面墙脚下的港口发现了一个人工建造的矩形大池子,其建造方法非常类似于在腓尼基常见的一种采螺蛳的池子(Cothon)。[4] 诸多迹象表明,克里特岛确实一直和腓尼基人有着密切的联系和文化交流。

然而,对于"腓尼基人是希腊人的老师"这一传统观念,我们仍然需要打上一个问号。如前所述,希腊人在古风时代以后所使用的字母文字,确实是来源于腓尼基人,从这个意义上讲,可以说"腓尼基人是希腊人的老师"。但是,从整体上来说,关于腓尼基人对古风时代早期希腊历史发展的影响,我们也不能过高估计和评价。腓尼基人是一个相对松散的民族,并没有形成一个统一的国家,不仅没有稳定的领土,而且没有足够的族群认同感;他们的商贸和殖民活动很大程度上是追求物质利益;他们自己在文化上也缺少创造性。因此,腓尼基人在文化上和政

---

[1] Joseph. W. Shaw, "Kommos in Southern Crete: An Aegean Barometer for East-West Interconnections", in V. Karageorghis and N. C. Stampolidis eds., *Eastern Mediterranean: Cyprus-Dodecanese-Crete, 16th–6th Century BC*, Athens: University of Grete and The A. G. Leventis Foundation, 1998, pp. 13–27. 关于科莫斯发掘的古风时代的陶器情况,见Alan Johnston, "Pottery from Archaic Building Q at Kommos", *Hesperia: The Journal of the American School of Classical Studies at Athens*, Vol. 62, No. 3, 1993, pp. 339–382。

[2] Edward Lipiński, 2004, p. 181.

[3] Herodotus, *History*, IV. 151.

[4] 此地在罗马时代仍然是一个比较活跃的渔港,见Dimitra Mylona, "Fishing in late antiquity: the case of Itanos, Crete", *British School at Athens Studies*, Vol. 9, 2003, pp. 103–110。

治上的影响力都非常有限。

　　正如很多学者所评价的那样，尽管腓尼基人在古风时代早期希腊艺术的"东方化"过程中扮演着先驱的角色，但是他们的贡献只表现为艺术层面的媒介。[1] 希腊文明在与其他东方文明的交流过程中，并不是单向的吸收和借鉴，而是一种互动交流的模式。虽然迈锡尼社会的衰落导致希腊进入了所谓的"黑暗时代"，海外的长途贸易中断，但是到了公元前800年左右，希腊大陆很多地区已经逐渐恢复了生机，希腊人再次活跃于东地中海地区的贸易交流中，在这个交流过程中，希腊人在努力学习和吸收东方先进物质文明的同时，希腊物质文明也伴随着希腊人的脚步走出希腊大陆。

1　Walter Burkert, *The Orientalizing Revolution: Near Eastern Influence on Greek Culture in the Early Archaic Age*, Translated by Margaret E. Pinder, Cambridge, Mass.: Harvard University Press, 1992, p. 16; Glenn Markoe, "The Emergence of Orientalizing in Greek Art: Some Observations on the Interchange Between Greeks and Phoenicians in the Eighth and Seventh Centuries BC", *Bulletin of the American Schools of Oriental Research*, No. 301, 1996, pp. 47−67.

第三章
文明交流与希腊城邦的兴起

"希腊城邦何时兴起"的问题最早是1937年由维克托·埃伦伯格提出来的。埃伦伯格认为希腊城邦兴起于公元前8世纪,他的这一观点在西方学术界得到普遍认可,成为诸多后续研究的出发点。斯塔尔认为,公元前750至前650年这个革命的时期,是整个希腊历史上最为根本的发展阶段。这一观点被杨·莫里斯概括为"(公元前)8世纪革命"。斯诺德格拉斯对这一理论框架进行了充分阐释。黄洋在批评"(公元前)8世纪革命"说的同时,提出了"渐次演化"的观点,这一观点得到了诸多中国学者的认可。近些年来,学者们又对这一问题提出了一些新的解释,其中值得重点关注的是殖民运动和"东方化革命"与城邦兴起的关系。在希腊城邦的兴起过程中,殖民运动有着重要的影响。通过考察殖民前夕希腊本土的定居点和早期殖民活动、殖民地和希腊本土的城市化进程,我们可以发现,城邦的第一个要素——中心城市可能最早出现在殖民地。殖民地的创建者崇拜也对希腊的英雄崇拜产生了一定影响,进而影响了城邦的第二个要素——集体认同的形成。当然,从公元前8世纪希腊历史发展的延续与变革的角度来看,希腊城邦兴起的根源仍然是自迈锡尼时代和荷马时代以来希腊社会本身的发展进程，殖民运动等外部因素只是加速了已有的发展方向。

第一节　希腊城邦兴起的几种理论及其转向

城邦是古代希腊一种重要的国家形态，不仅作为一种宗教和政治共同体而承载了古代希腊文化最基本的特质，而且是整个西方政治思想史的起点。因此，希腊城邦的相关问题不仅是古希腊史研究领域的重要议题，也是西方政治思想史研究领域不断追溯的问题。自1937年维克托·埃伦伯格提出"希腊城邦何时兴起"[1]的问题以来，"希腊城邦何时兴起？如何兴起？"一直都是早期希腊历史研究领域最重要、讨论最多的问题之一。中外学者从各种立场、各种视角对这一问题进行了深入研究，构建了诸多解释模式和理论框架。其中，最具影响力的理论当属切斯特·斯塔尔首先提出的"（公元前）8世纪革命"说。[2] 然而，随着学界对早期希腊史认识的不断深入，"（公元前）8世纪革命"说也受到越来越多的挑战。一些中国学者也提出了自己的解释模式，其中最具代表性的是黄洋的"渐次演化"论[3]，晏绍祥、徐晓旭等人的观点也基本类似。[4] 近些年来，一些学者将视野扩大到希腊本土之外，从希腊与外部世界的交

1　Victor Ehrenberg, "When Did the Polis Rise", *Journal of Hellenic Studies*, Vol. 57, 1937, pp. 147–159.
2　Chester G. Starr, *The Origins of Greek Civilization, 1100–650 BC*, New York: Alfred A. Knopf., 1961, p. 190.
3　黄洋：《古代希腊土地私有制的确立与城邦制度的形成》，《复旦学报》（社会科学版），1995年第1期，第46—51页；黄洋：《试论荷马社会的性质与早期希腊国家的形成》，《世界历史》，1997年第4期，第53—59页；黄洋：《迈锡尼文明、"黑暗时代"与希腊城邦的兴起》，《世界历史》，2010年第3期，第32—41页。
4　晏绍祥：《荷马时代的"polis"》，《历史研究》，2004年第2期，第145—159页；晏绍祥：《荷马社会研究》，上海三联书店，2006年，第77—118、306—312页；晏绍祥：《从迈锡尼世界到荷马时代：希腊城邦的兴起》，《外国问题研究》，2016年第2期，第4—13页。徐晓旭、蔡丽娟：《古代希腊城邦的形成》，《史学集刊》，2008年第3期，第48—53页。

第三章　文明交流与希腊城邦的兴起　｜　53

流来探究希腊城邦的兴起，提出了一些新的解释。通过梳理这些希腊城邦兴起的理论及其转向，我们可以较为清晰地看到早期希腊史研究领域的学术发展进程。

在埃伦伯格之前，学术界实际上已经有人探讨过希腊城邦兴起的问题了。但是由于当时的史料相对有限，学术界对于希腊城邦的讨论往往是古典时代城邦体制已经比较完善的时期。因此，一些学者认为希腊城邦的兴起是在公元前7世纪和公元前6世纪之交，希腊城邦的形成期甚至更晚，城邦体制是在公元前500年前后一些伟大的政治家通过斗争或改革而建立的。[1]埃伦伯格指出，这种观点在某种程度上混淆了城邦（polis）和民主制城邦（democratic polis）的概念。民主制城邦确实是古代社会中一种比较完备而理想的国家形态，也确实在公元前500年前后才开始出现。但是，民主制城邦只是城邦的一种特殊形式，一般意义上的城邦远远早于这个时间出现。当然，埃伦伯格所说的希腊城邦的"兴起"（rise）并不是指希腊城邦最早出现（emergence）的某个时间点，我们也不可能追溯一种国家形态最早出现的时间点，但是我们可以大致确定这种国家形态最早出现的时间范围。他认为，城邦的兴起不是一种短时段的历史发展，而是延续了较长时间的发展过程，并且在不同地区的发展程度存在着明显的差别。如果要追溯城邦最早出现的大致时间范围，应该是在公元前8世纪早期。[2]

埃伦伯格的这个结论，有两个隐含的前提条件：第一，城邦是一种国家形态；第二，从迈锡尼世界的衰亡到公元前8世纪，其间有一段较长的断裂时期。虽然他并未明确说出这两个问题是其结论的前提条件，也没有论述两个问题之间的关系，但是我们透过他的文字仍能梳理出其间

1　Victor Ehrenberg, 1937, p. 147.

2　Victor Ehrenberg, 1937, pp. 147, 155.

的逻辑关系。

关于希腊城邦的定义[1]，是20世纪中后期古希腊史学术界讨论最为热烈的问题之一。但是在埃伦伯格的时代，城邦的定义似乎还没有成为一个问题，学者们在论述相关主题时，最多也就是如埃伦伯格这样，对城邦的一般形式和特殊的民主制城邦做出区分。因此，埃伦伯格在论及希腊城邦的兴起之时，首先是从古典时代的希腊国家形态开始讨论，他根据古代作家的记载和相关铭文材料，分析了古典时代希腊城邦的组织形式及其特征。他认为城邦的基本内在特征就是公民共同体。这种公民共同体的含义并不是早期罗马时期的理想国家类型共和国（*res publica*），当然也不是那种只有特权阶层或类似特权阶层的某个集团才能实行统治的国家形态，城邦与后者的区别最重要的表现就是城邦可以接纳新的公民。城邦的基本外在特征则几乎总是有城墙的城邦城市（*polis city*），其核心就是城邦（*polis*），后来为了区分则将核心区域称为卫城（*Acropolis*），即城堡（citadel）。他认为公元前8世纪前半期的一些国家形态，就已经具备了上述两种特征。[2]

在论述城邦的基本外在特征时，埃伦伯格引出了城邦兴起于公元前8世纪的另一个隐含条件——从迈锡尼世界的衰亡到公元前8世纪，其间有一段较长的断裂时期。迈锡尼时代那种开放式乡村中的城堡或要塞，应该是后来城邦最天然的雏形。数个世纪以后，这种城堡转变成有防卫城

---

[1] 关于希腊城邦的定义，相关的学术讨论综述见李永斌：《殖民运动与希腊城邦的兴起》，《中国世界古代史2016年学术研讨会论文集》，第183—184页。当前学术界普遍比较认同的定义是摩根斯·H. 汉森（Mogens H. Hansen）的定义，即城邦是以一个城市为中心，结合周边乡村形成的政治共同体。埃伦伯格说城邦是一种国家形态，已经非常准确地指出了城邦的实质。见Mogens H. Hansen, "The Copenhagen Inventory of *Poleis* and the Lex Hafniensis de Civitate", in L. G. Mitchell and P. J. Rhodes eds., *The Development of the Polis in Archaic Greece*, London: Routledge, 1997, pp. 5-12。

[2] Victor Ehrenberg, 1937, p. 155.

墙且居民人口相对密集的城镇,这种城镇必须依靠更广阔的乡村,否则就无法生存。[1]在公元前8世纪逐渐复兴的希腊,政治管理模式已经产生了巨大的转变,之前的迈锡尼社会完全是贵族(宫廷)管理城镇和乡村;宫廷消失之后,城镇逐渐承担起管理乡村的职能。这种城镇与乡村的整合是城邦形成的前提。[2]

自埃伦伯格以后,希腊城邦兴起于公元前8世纪这一结论在西方学术界得到了广泛认可,成为早期希腊历史研究领域的正统观点。摩西·芬利、奥斯温·默里、罗宾·奥斯邦等古史学家基本上都继承并进一步阐发了埃伦伯格的这一基本观点。[3]但是埃伦伯格没有具体论证希腊城邦为何在公元前8世纪兴起,也没有阐述城邦是如何在公元前8世纪兴起的。于是学者们从不同角度提出了诸多解释。其中,影响最为深远的一个理论框架就是斯塔尔首先提出的"(公元前)8世纪革命"。

1961年,斯塔尔在《希腊文明的起源》一书中如是说,"公元前750至前650年这个革命的时期,是整个希腊历史上最为根本的发展阶段"[4]。这一观点被杨·莫里斯概括为"(公元前)8世纪革命"[5]。1986年,斯塔尔在《个体与共同体:公元前800至前500年希腊城邦的兴起》一书中进一步详细阐释了他的这一理论框架,并且明确指出,"公元前8世纪是一个新时

---

[1] 埃伦伯格的这一判断,也得到了更晚近的考古发现和学术研究的证实。见Carol G. Thomas and Craig Conant, *Citadel to City-State: The Transformation of Greece, 1200-700 B.C.E.*, Bloomington: Indiana University Press, 1999, pp. 1-31, 144-162。

[2] Victor Ehrenberg, 1937, p. 156.

[3] 见M. I. Finley, "Homer and Mycenae: Property and Land Tenure", *Historia*, Vol. 6, No. 2, 1957, pp. 133-159; M. I. Finley, *The World of Odysseus*, 2nd. London: the Penguin Groups, 1991, p. 25; Oswyn Murray, 1993, pp. 62-68; Robin Osborne, *Greece in the Making: 1200-479 BC*, London: Routledge, 1996, pp. 70-136。

[4] Chester G. Starr, 1961, p. 190.

[5] Ian Morris, "The Eighth-Century Revolution", in Kurt A. Raaflaub and Hans van Wees eds., *A Companion to Archaic Greece*, West Sussex: Wiley-Blackwell, 2013, pp. 64-80.

代的开始"[1]。

  安东尼·斯诺德格拉斯通过大量考古学证据进一步阐释了斯塔尔提出来的这一理论框架。在他的几部著作中，斯诺德格拉斯都论及了希腊城邦兴起的问题，也基本上秉持"（公元前）8世纪革命"的观点。1977年，斯诺德格拉斯在剑桥大学的就职演讲中指出，根据考古发掘的资料，尤其是公元前760年后阿提卡地区墓葬数量的大量增加，可以判断这一时期希腊的人口出现了急剧增加，甚至可以说出现了"人口爆炸"，这就导致了城市化进程的加快。此外，考古发掘的许多城市居民点都可追溯到公元前9世纪至前8世纪，一些大型公共建筑可以追溯到公元前8世纪中期，特别是各地的保护神神庙，而这种大型公共建筑，正是城邦兴起的标志。[2]在此基础上，斯诺德格拉斯进一步肯定了考古学在希腊城邦兴起问题研究中的重要性，他认为丰富的考古成果足以证明城邦兴起于公元前8世纪中期。[3]在1980年出版的《古风希腊：试验的时代》一书中，斯诺德格拉斯更为系统地阐发了上述结论，将城邦的兴起称为"结构性革命"[4]。

  斯诺德格拉斯的一系列论述，使"（公元前）8世纪革命"这一概念得到了早期希腊史学界的普遍认可。1981年，瑞典驻雅典研究院主办了第二届国际学术研讨会，主题就是"公元前8世纪希腊世界的复兴：传统与革新"。1983年，瑞典驻雅典研究院院刊结集出版了这次会议的同名论文集。[5]参加这次会议的包括伯克特、斯诺德格拉斯、奥斯温·默里等中

---

1 Chester G. Starr, *Individual and Community: The Rise of the Polis, 800-500 BC*, Oxford: Oxford University Press, 1986, p. 34.

2 A. M. Snodgrass, *Archaeology and the Rise of the Greek City State*, Cambridge: Cambridge University Press, 1977. 该文重刊于 A. M. Snodgrass, *Archaeology and the Emergence of Greece: Collected Papers on Early Greece and Related Topics (1965-2002)*, Edinburgh: Edinburgh University Press, 2006, pp. 198-220。

3 A. M. Snodgrass, 2006, pp. 212-213.

4 A. M. Snodgrass, *Archaic Greece: the Age of Experiment*, Berkeley: University of California Press, 1980, p. 242.

5 Robin Hägg, *The Greek Renaissance of the Eighth Century BC: Tradition and Innovation*, Stockholm: Svenska Institutet I Athen, 1983.

国学者耳熟能详的国际学者。会议论文集采取讨论实录的形式，在每篇论文后面附上讨论详情。学者们广泛讨论了公元前8世纪希腊社会历史发展各个层面的问题，包括历史与社会、艺术与文学、宗教与圣所、金属贡品与金属工艺、人口发展与社会习俗等。虽然各位学者在具体问题方面各抒己见，但是会议参加者的整体基调是认同公元前8世纪是一个迅速变革年代的观点。

1996年，罗宾·奥斯邦的专著《希腊文明的形成：公元前1200至前479年》第4章的标题就是"共同体的形成：公元前8世纪"。奥斯邦认为，公元前8世纪是一个迅速变革的时期，人口急剧增长、与外部世界的联系不断加强、殖民和贸易活动得到发展、有规划的圣所和墓葬大量出现、作为整体的"希腊意识"的产生，这些现象都表明了作为政治组织单元的"共同体"在公元前8世纪已经出现了。[1]

尤其值得一提的是，摩根斯·汉森主持的哥本哈根大学城邦研究中心（Copenhagen Polis Center），自1992年起开始深入研究古希腊的城邦。该中心通过田野考古和实验考古搜集了巨量的数据，并通过数据对古希腊城邦的各个层面进行了量化分析，尤其是城邦兴起时期的人口统计和经济发展趋势。汉森陆续主持出版了多部综合性的城邦研究著作，为希腊城邦研究的学术发展做出了巨大贡献。[2] 在《古风和古典时代城邦的兴起》一书中，汉森明确指出，应该将πόλις与city-state两个术语区别开

---

[1] Robin Osborne, 1996, pp. 70–136.
[2] 以哥本哈根城邦研究中心的学术研讨会为基础，汉森主编了七部论文集，分别是1993年的《古代希腊的城市国家》(*The Ancient Greek City-State*)，1995年的《古代希腊城市国家资料集》(*Sources for the Ancient Greek City-State*)，1996年的《希腊城邦兴起导论》(*Introduction to an Inventory of Poleis*)，1997年的《作为城市中心和政治共同体的城邦》(*The Polis as an Urban Centre and as a Political Community*)，1998年的《城邦与城市国家》(*Polis and City-State*)，1999年的《定义古代的阿卡迪亚》(*Defining Ancient Arkadia*)，2005年的《想象的城邦》(*The Imaginary Polis*)。研讨会后来停办了，但是汉森和其他学者继续发表了系列相关论著。

来，πόλις应该严格限于古希腊人自己的用法，而city-state则只能用于讨论现代人对古代希腊社会进行的历史学分析。因为city-state一词出现于19世纪中期，最早用于指称罗马共和国时代的 *civitas*，后来也用于指称所有类似的初级国家形态，包括腓尼基和埃特鲁里亚的城市，中世纪意大利的城市国家等。汉森根据其团队的研究成果得出结论：古风时代和古典时代希腊人用πόλις指称一个城镇（town）时，指的是一种特定的城市中心（urban centre），并且只适用于同时具有政治中心（political centre）的城市中心。因此，πόλις实际上具有两重含义，一是城市，二是国家。从这个意义上讲，英文的city-state和中文的"城邦"基本上较为准确地反映了古代希腊πόλις的含义。[1] 当然，也有一些学者指出，古代作家在使用πόλις一词时，也用于指称没有城市中心的城邦，没有城市中心而又被认为是城邦的早期国家形式，最典型的就是斯巴达。[2] 尽管在某些具体问题上学界还存在不同意见，但是总体来说，汉森所领导的城邦研究中心为后来的希腊城邦问题研究奠定了基调，尤其是关于城邦的定义。是否有城市中心和政治共同体，不仅是讨论城邦性质的基础，也是判断城邦是否兴起于公元前8世纪的基础。

另一个值得注意的学术现象是，很多学者从宗教和仪式的角度对公元前8世纪希腊社会转型问题进行了专门研究。[3] 究其原因，一是因为宗教和仪式在古代早期社会历史发展中扮演了重要角色，二是宗教和仪式方

1　Mogens H. Hansen and Thomas H. Nielsen, *An Inventory of Archaic and Classical Poleis*, Oxford: Oxford University Press, 2004, pp. 23–24.

2　关于斯巴达的特殊性，见IO. B. 安德列耶夫：《斯巴达是城邦的一种类型》，施治生译，廖学盛校，中国世界古代史学会编：《古代世界城邦问题译文集》，时事出版社，1985年，第102—117页。

3　除了下文所列之外，论及这一主题的重要作品还有François de Polignac, *Cults, Territory, and the Origins of the Greek City-State*, Chicago: University of Chicago Press, 1995; Emma J. Stafford, "Themis: Religion and Order in the Archaic Polis", in L. G. Mitchell and P. J. Rhodes eds., *The Development of the Polis in Archaic Greece*, London: Routledge, 1997, pp. 87–91。

面的考古资料更为丰富，尤其是出土墓葬文物，几乎都与宗教和仪式密切相关。前文所述论文集《公元前8世纪希腊世界的复兴：传统与革新》中，几乎有一半的篇幅论及宗教和仪式，奥斯邦在论述"共同体的形成：公元前8世纪"这一主题时，也是从宗教和仪式方面的证据入手。关于宗教和仪式主题的代表作，则是杨·莫里斯的《墓葬与古代社会：希腊城邦的兴起》。杨·莫里斯修正了他的老师斯诺德格拉斯关于公元前8世纪人口急剧增加的观点，他认为这一时期墓葬大量增加的原因并非人口的增长，而是获得入葬公共墓地资格的人数显著增加。出现这种现象的原因恰恰是社会结构发生了根本性的变化，更多社会成员具有参与公共生活的公民资格，这也预示着作为公民共同体的城邦兴起了。[1]

"渐次演化"是黄洋于2010年在《迈锡尼文明、"黑暗时代"与希腊城邦的兴起》一文中明确提出的一个概念。他在该文的摘要中写道："更为合理的解释是把城邦兴起看成是迈锡尼王国解体之后希腊社会渐次演化的结果，而非所谓革命性变革的结果。荷马史诗所描绘的情形很可能是迈锡尼文明和城邦文明之间的中间环节。"[2] 他在正文中虽然没有继续用"渐次演化"一词，但是对这一观点展开了更为系统的阐释。在此之前，一些西方学者和包括黄洋自己在内的一些中国学者已经多次阐述过这样的观点。

"渐次演化"论的一个关键问题是城邦兴起与迈锡尼世界的关系，这是城邦兴起研究中的重大问题，因此城邦起源问题与学界的迈锡尼学研究密切相关，并且绝不仅仅是城邦兴起问题。关于迈锡尼时代的希腊与后来古典时代的希腊的联系，希腊人自身对此似乎没有意识和探讨，19世纪末之前的西方学者也基本上没有这种意识，一直到20世纪初，学者

---

[1] Ian Morris, *Burial and Ancient Society: The Rise of the Greek City-State*, Cambridge: Cambridge University Press, 1987, pp. 18-20.

[2] 黄洋：《迈锡尼文明、"黑暗时代"与希腊城邦的兴起》，第32页。

们试图到迈锡尼世界去追寻城邦起源,此后才意识到两者是两个不同的世界。芬利在《奥德修斯的世界》一书中非常明确地提出荷马世界是古典希腊的起点。[1] 后来包括法国学者让-皮埃尔·韦尔南的《希腊思想的起源》[2],以及斯诺德格拉斯和杨·莫里斯等的相关研究,基本上都是在芬利研究的基础上展开的。当然,芬利的观点并没有得到学界的全部认同,一些法国学者如皮埃尔·卡尔利埃、亨利·凡·伊芬特尔、玛丽-约瑟芬·沃灵斯等仍然坚持到迈锡尼世界去探寻城邦的起源。[3]

在上述学者研究的基础上,到20世纪90年代,一些学者开始质疑"(公元前)8世纪革命"说的解释模式,他们认为这一模式夸大了公元前1200年以后希腊世界衰落的范围和早期铁器时代的"黑暗"程度,也高估了公元前8世纪复兴的重要性。[4] 黄洋在《迈锡尼文明、"黑暗时代"与希腊城邦的兴起》一文中引述了其中两位代表性学者的观点:萨拉·莫里斯和奥利弗·迪金森。[5] 黄洋在他的多篇论著中坚持一个基本观点:迈锡尼文明和后来的希腊城邦文明之间存在着这样或那样的联系,甚至有一种延续性。他强调荷马社会对迈锡尼社会王权观念的继承,并进一步指出,从迈锡尼时代到荷马时代,希腊社会发生的深刻变化在于贵族政治的建立以及公民对政治生活的参与。他还探讨了土地私有制的确立对希腊城邦制度形成的推动作用。在此基础上,他得出结论:迈锡

---

[1] M. I. Finley, 1991, pp. 26-27.

[2] 中译本见让-皮埃尔·韦尔南:《希腊思想的起源》,秦海鹰译,生活·读书·新知三联书店,1996年。

[3] Pierre Carlier, *La Royauté en Grèce avant Alexandre*, Strasbourg-Paris: Association pour l'étude de la civilisation romaine, 1984, pp. 30-43; Henri van Effenterre, *La cité grecque: des origines à la défaite de Marathon*, Paris: Hachette littérature, 1985, pp. 45-95; Marie-Joséphine Werlings, *Le dèmos avant la démocratie: Mots, concepts, réalités historiques*, Nanterre: Presses universitaires de Paris Nanterre, 2010, pp. 21-45.

[4] Ian Morris, 2013, p. 2.

[5] 黄洋:《迈锡尼文明、"黑暗时代"与希腊城邦的兴起》,第36—41页。

尼文明衰落的程度也许并不像上述一些西方学者所想象的那么彻底,"黑暗时代"这一说法并不准确。实际上,迈锡尼文明被破坏之后,希腊地区的人的群体活动依然比较活跃,并且还有证据表明存在大规模的人口迁移活动。"如此大规模的人群活动,似乎和坚持'黑暗时代'之说的学者们试图让我们相信的情况不相符合。"[1]

晏绍祥也强调延续性和渐次演化,但是他认为延续性更多体现在黑暗时代与古风时代和古典时代之间的延续,而非迈锡尼时代与此后时代的延续。值得注意的是,有些学者认为"黑暗时代"的说法不太准确,建议用荷马时代来指称从迈锡尼衰亡到古风时代之间的这段时期,但是晏绍祥的观点稍有不同,他似乎把"黑暗时代"和荷马时代相区别开来,认为荷马所描述的时代要比所谓的"黑暗时代"稍晚一些,尽管他并未对二者的区别和时间段的划分做出明确界定。因此,他继承了摩西·芬利的基本观点,认为古典希腊城邦的起点要到荷马时代去寻找,并系统论证了迈锡尼时代王国体制覆亡后希腊社会和政治上的变化,提出荷马时代已出现处于萌芽状态的城邦。[2]在此基础上,他对"渐次演化"的观点进行了一定的修正。他认为希腊城邦的起点不能再往前追溯到迈锡尼时代,因为迈锡尼世界与荷马时代的世界是根本不同的。虽然不能完全否认迈锡尼时代与荷马时代之间存在连续性,因为基本的经济部门与农民的生活方式并没有发生本质性的变革。但是,"要在迈锡尼世界的达摩斯和荷马的德摩斯之间寻求社会政治职能上的类似,进而证明荷马的社会政治组织来自迈锡尼时代的共同体,仍有相当的难度"[3]。

徐晓旭和蔡丽娟的观点也类似于"渐次演化"说,但是略有不同。

---

1 黄洋:《迈锡尼文明、"黑暗时代"与希腊城邦的兴起》,第36页。
2 晏绍祥:《荷马时代的"polis"》,第145—159页;晏绍祥:《荷马社会研究》,第77—118、306—312页。
3 晏绍祥:《从迈锡尼世界到荷马时代:希腊城邦的兴起》,第5页。

他们在《古代希腊城邦的形成》一文中指出,"黑暗时代"并不是真正的黑暗,实际上只是黎明前的黑暗,它在迎接着希腊世界城邦时代的新曙光,或者确切地说,"黑暗时代"实际上是在"黑暗"中孕育了诸多革新的因素。他们认为,古代希腊城邦是迈锡尼专制王权崩溃后,"黑暗时代"获得自由的农民公社城市化和政治制度化的产物,希腊城邦是在古风时代初期通过"居地统一"(Synoikismos)运动确立的。[1]

20世纪以来,更多学者将希腊城邦兴起问题置于整个地中海世界历史发展的大背景下来考察。其中有一种比较引人注目的学术趋向:将几乎同一时期的两股历史发展潮流联系起来,即考察殖民运动与城邦兴起的关系。

前文所述包括埃伦伯格在内的一些学者,都曾经论及殖民运动与希腊城邦发展的关系。加埃塔诺·德桑克提斯在其专著《希腊史》中认为,殖民运动确立了希腊人的民族认同,而且推动了希腊本土社会经济的发展,经济上的发展又促进了政治的发展,个人开始得到解放,贵族政治结构陷入崩溃,最终促成了希腊本土政治上的民主化。[2]埃伦伯格在《城邦何时兴起》一文中也曾提及,在城邦的发展过程中,"从东到西的潮流"发挥了作用,小亚细亚的殖民共同体不再是像母邦那样松散的族群组织,而是形成了有较强纽带的共同体,从这个意义上说,殖民推动了城邦制度的完善。[3]斯诺德格拉斯指出,就政治发展来说(至少在亚该亚人的案例中),殖民地走在母邦之前,旧的希腊世界在之后模仿了这种政治发展。[4]马尔金在《网络与希腊认同的兴起》一文中引述了他的这一观点。马尔金自己的观点是,海外殖民的形成强化了"希腊性"

---

[1] 徐晓旭、蔡丽娟:《古代希腊城邦的形成》,第48—53页。
[2] 见晏绍祥:《古典历史研究史》上卷,北京大学出版社,2013年,第255页。
[3] Victor Ehrenberg, 1937, pp. 147–159.
[4] A. M. Snodgrass, 2006, pp. 198–220.

(Greekness)，首先是因为海外殖民者意识到他们自己与诸多"他者"的不同之处，其次是因为最初的殖民体验都有一定的相似之处。[1] 马尔金在他的另外几部作品中也表达了类似的观点。[2]

20世纪90年代以来，一些学者将希腊城邦的兴起置于整个东地中海共同体的发展历程中来考察。其中代表性的学者是杨·莫里斯和马尔金。杨·莫里斯认为，公元前8世纪中期开始的社会结构转变，是更大范围内人们对于共同体的观念转变的一部分。这种转变来源于地中海世界早期国家的形成过程，在希腊的很多地方都发生了。马尔金认为，地中海世界可以被看成是一个整体的网络，希腊是这个大网络中的一部分，而不是像约翰·博德曼《海外希腊人》中所暗示的"中心与边缘"关系。[3] 因此，希腊城邦的兴起，应该放在整个地中海世界的历史发展进程中来考察。

笔者基本认同前述中国学者的"渐次演化"论。从迈锡尼时代到荷马时代，再到古风时代和古典时代，希腊社会的发展有一定的连续性，并不存在所谓完全的"黑暗时代"和完全断裂。然而，古风时代的城邦不同于迈锡尼时代的王国，也不同于荷马时代的政治共同体，这一时期的社会有新的发展内容，即殖民运动。但同时，杨·莫里斯所说的关于"共同体"的新观念的出现，马尔金所说的地中海网络世界的形成，都是社会生产力发展的结果。公元前8世纪中期以来，由于人口的增长，希腊世界的农业技术快速发展，商业活动和移民活动也再度活跃。[4] 在殖民活

---

[1] Irad Malkin, "Networks and the Emergence of Greek Identity", *Mediterranean Historical Review*, Vol. 18, 2003, No. 2, p. 59.

[2] 见 Irad Malkin, *Religion and Colonization in Ancient Greece*, Leiden: Brill, 1987; Irad Malkin, 2011。

[3] John Boardman, *The Greeks Overseas: Their Early Colonies and Trade*, London and New York: Thames and Hudon, 1980.

[4] 一些学者认为，希腊人在与其他民族交往的过程中，在一定的领土范围内形成了某些特定群体的集体认同，形成了我们称之为"城邦"的这种国家形式。见 Carol G. Thomas and Craig Conant, 1999, p. 134。

动和相应的商业活动中，希腊人与地中海其他民族的文明交流也日益频繁。在周边其他文明和殖民运动的影响下，迈锡尼时代和荷马时代以来希腊社会的缓慢发展，在古风时代突然加快了步伐，这种加速发展的集中体现就是城邦的兴起。[1]

在埃伦伯格的时代，古希腊史的研究主要是依靠对传统文献的分析和解读，并在此基础上建立相应的理论体系。当然，文献确实是古史研究的基础，所以后来的芬利等人也基本延续了这种研究方法和理论体系。到了20世纪80年代，随着考古学的发展，古史研究有了一个明显的转向，即更多利用考古学的发掘和研究来构建相应的理论体系。[2]在这个转向过程中，斯诺德格拉斯和杨·莫里斯是两位代表性的学者。二者虽然是师生关系，并且都是考古学专业学者，但是他们对公元前8世纪希腊社会发展模式的看法却有着很大区别。原因在于，斯诺德格拉斯更倾向于用考古学资料去证实此前的理论体系，杨·莫里斯则通过对具体考古证据的分析来修正相应的理论体系。在这个转向过程中，中国学者也更多地借鉴了考古学的研究成果，并在此基础上提出了自己的理论体系和解释框架。

当然，从梳理学术史的阶段性来说，可以说这种转向是比较明显的。但是具体到每个学者的研究，则并没有那么泾渭分明。除了早期的埃伦伯格基本上是以纯文本为研究资料外，后来的其他学者基本上都既利用了文献资料，也利用了考古资料，只是侧重点有所不同。以文献为基础

---

[1] 李永斌：《殖民运动与希腊城邦的兴起》，第184页。
[2] 这种转向，主要来自考古学的历史学转向。19世纪以来，考古学的理论和方法更倾向于人类学理论和方法（如田野考古），很多考古发掘及相应的研究成果，主要集中在对考古遗迹或遗物本身的分析。20世纪70年代开始，随着所谓的"新考古学"的兴起，考古学（尤其是古典考古学）开始向历史学转向，考古学家更倾向于利用考古发掘成果来分析和研究古代社会的发展状况和发展趋势。在这个背景下，古典历史学和古典考古学的结合越来越密切，为古代史研究提供了一种新的思路和方向。关于古典考古学的历史学转向，见Nigel Spencer, 1995, pp. 1–5。

进行研究的斯塔尔也引用了不少考古资料[1]，以考古为基础进行研究的杨·莫里斯也引用了大量文献资料，尤其是诗歌材料。[2]

我们还可以看到，不管是以文献为基础，还是以考古资料为基础，早期学者们的关注焦点都在希腊世界内部，基本上都强调城邦是希腊世界的独特产物。进入新世纪以来，在希腊城邦兴起问题上，越来越多的学者试图把考古学与文献资料结合起来，这代表了早期希腊史研究领域的一个重要转向。同时，一些学者还进一步把希腊城邦的兴起置于整个东地中海共同体的大背景下来考察，这也在一定程度上体现了全球史研究方法对世界古代史研究的影响。但是，新的研究方法和理论体系的引入，还有待进一步的实证研究来检验。

第二节 殖民运动与希腊城邦的兴起

城邦的兴起和殖民运动是古风时代希腊历史发展的两个主要潮流。[3]城邦与殖民的关系也是学术界研究的重点问题，包括殖民运动对希腊城邦兴起的影响。关于这一问题，此前已有学者在一些通史性著作，或者其他具体研究中有限地提及和讨论。[4]

---

[1] 斯塔尔不仅在《希腊文明的起源》和《个体与共同体：公元前800至前500年希腊城邦的兴起》这两本书中引用了不少考古资料，在他的其他著作中也频繁引用考古资料。见Chester G. Starr, *Economic and Social Growth of Early Greece, 800-500 BC*, New York: Oxford University Press, 1977。

[2] 见Ian Morris, 1987, pp. 44-54, 177-179。

[3] 这里所谈的"兴起"，指的是一种动态发展的过程（rise），而不是指希腊城邦最早的出现（emergence）。希腊城邦兴起的过程不是短时段的历史发展，而是延续了较长时间，并且在不同地区的发展有着非常明显的程度区别。1937年，埃伦伯格明确地提出了这一观点，他认为城邦的兴起是一个长时段的发展过程，最早的城邦可能在公元前8世纪出现于小亚细亚沿岸，而希腊本土某些城邦的形成，甚至晚至公元前600年前后。因此，殖民运动对希腊城邦兴起的影响，从时间上看是有可能性的。见Victor Ehrenberg, 1937, pp. 147-159。

[4] Irad Malkin, 2003, p. 59.

中国学者中，吴于廑最早提及这一问题："希腊各城邦的建立，在时间上是先后不一的。大概小亚细亚沿岸和附近各岛的城邦要早于希腊本土。然而关于小亚细亚希腊城邦形成的过程，我们几乎没有任何具体而完整的知识。"[1] 顾准在《希腊城邦制度》一书中更明确地提出，"海外殖民城市是城邦制度的发源之地"[2]。尽管顾准并非研究希腊史的专业学者，该书也只是一本读书笔记，但是他以一位思想家的敏锐眼光，从前人对希腊历史的叙述中，得出了高度凝练并且可信的判断。另一方面，黄洋从土地私有制的具体层面提出了殖民地对希腊城邦制度的影响问题，他认为，在希腊世界，最初以法律来保障公民的土地所有权是殖民地的一个新发明，土地的私有制也是在殖民地最早确立，随后不久，制定法律以保障公民土地所有权的做法为希腊本土的许多城邦所采纳，最终导致了整个希腊世界公民权观念的变化以及古典城邦制度的确立。[3]

学界关于殖民运动对希腊城邦兴起的影响这一问题，没有形成系统的研究，主要原因在于关于古风时代希腊殖民运动的传世史料（尤其是文字史料）非常缺乏。随着近几十年考古学的不断发展，尤其是关于小亚细亚地区和西西里地区的最新考古成果及相关报告的发表，进一步拓宽了对这一问题的研究。比如格拉汉姆就明确指出，小亚细亚和

---

[1] 吴于廑：《希腊城邦的形成和特点》，《历史教学》，1957年6月号，第15—21页。吴于廑、齐世荣主编的《世界史》教材认为殖民运动开始的时间是公元前750年前后，希腊城邦出现的时间是公元前750至前700年间。从时间先后的角度来说，与这篇论文的观点是一致的。见吴于廑、齐世荣主编：《世界史·古代史编》（上卷），高等教育出版社，2011年（初版时间为1992年），第149—151页（该章撰写者为朱龙华）。

[2] 顾准：《希腊城邦制度》，中国社会科学出版社，1982年，第43页。

[3] 黄洋：《古代希腊土地制度研究》，第79—80页。德桑德里斯的观点恰好相反，他认为土地私有制的确立是殖民的原因，即土地私有制是先在希腊本土确立的。见Jean-Paul Descoeudres, "Central Greece on the Eve of the Colonisation Movement", in Gocha R. Tsetskhladze ed., *Greek Colonisation: An Account of Greek Colonies and Other Settlements Overseas*, Vol. 2, Leiden: Brill, 2008, pp. 362-364. 德桑德里斯用Central Greece指称希腊大陆、爱琴海岛屿和小亚细亚沿岸地区，所以笔者将其译为"希腊本土"而非"中部希腊"。

西西里地区考古遗址的新发掘,不仅改变了我们对希腊人在小亚细亚和西西里殖民定居点的知识,而且对于解决希腊城邦的兴起及其性质有着重要意义。[1]

本节聚焦于城邦作为一种早期国家形式的两个基本特征(中心城市和公民集体),拟在前人研究基础上,结合最新考古成果,讨论殖民运动对早期希腊城邦兴起的具体影响,并在此基础上进行一些探讨。[2]

"殖民"在古希腊语中是ἀποικία,这个概念所指称的对象也是古代希腊世界特有的一种现象。西塞罗将ἀποικία翻译成拉丁语colonia,现代人文主义者洛伦佐·瓦拉(Lorenzo della Valle)在以拉丁文翻译希腊作家的作品时,承袭了西塞罗的翻译。[3]英语中一般翻译为colonization,但是一些学者认为这一词很容易与现代的殖民相混淆,因此主张用settlement来表示。[4] ἀποικία的字面意思是"离开家和房子"(away from home and household),建立一个"家外之家"(a home away home)。[5]威尔森将其解释为"由一个共同体在陌生的土地上以自身形象建立的另一个共同

---

[1] A. J. Graham, "Patterns in Early Greek Colonization", *Journal of Hellenic Studies*, Vol. 91, 1971, pp. 35-47. 重刊于 A. J. Graham, *Collected Papers on Greek Colonization*, Leiden: Brill, 2001, pp. 1-23。

[2] 2012年6月,在南开大学主办的世界古代史国际学术研讨会上,英国历史学家奥斯温·默里评议了笔者的另一篇论文,在随后的私人谈话中,默里赞同笔者对所讨论问题研究现状的判断,他明确提出,"殖民运动促成了城邦的兴起和发展,正是在那些殖民地,城邦开始建立并得以扩展",并且鼓励笔者对这一问题进行进一步研究。

[3] Franco De Anglis, "Ancient Past, Imperial Present: The British Empire in T. J. Dunbabin's *The Western Greeks*", *Antiquity*, Vol. 72, 1998, pp. 539-549; Jean-Paul Descoeudres, 2008, pp. 289-382.

[4] Getzel M. Cohen, *The Hellenistic Settlements in Europe, the Islands, and Asia Minor*, Berkeley: University of California Press, 1995; J. P. Wilson, "The Nature of Overseas Greek Settlements in the Archaic Greek Period: *Emporion* or *Apoikia*?", in L. G. Mitchell and P. J. Rhodes eds., *The Development of the Polis in Archaic Greece*, London: Routledge, 1997, pp. 110-114; Robin Osborne, "Early Greek Colonization? The Nature of Greek Settlement in the West", in Nick Fisher and Hans van Wees eds., *Archaic Greece: New Approaches and New Evidence*, London: Duckworth with The Classical Press of Wales, 1998, pp. 251-269.

[5] Jean-Paul Descoeudres, 2008, p. 290.

体"[1]。然而，通过考察殖民运动前夕希腊本土的定居点与古风时代的殖民活动，我们可以发现，在某些情况下，殖民并非一种共同体的"克隆"，而是一种新的共同体的创建。需要说明的是，殖民前夕这个时间概念其实是非常模糊的，因为即便只算古风时代，希腊人的殖民也是一个很长的过程。因此，本节所说的殖民前夕，只能是根据各地最早建立的殖民地给出一个大致的时间，即约公元前800至前750年。

希腊本土包括希腊大陆及爱琴海诸岛屿。[2]希腊大陆在巴尔干半岛南部，东起爱琴海，西到伊奥尼亚海，南达地中海，北部边界则比较模糊，大致从西部的伊塔卡（Ithaca）到东部的派尼奥斯（Peneios），面积约为7万平方千米。爱琴海沿岸有3000多座岛屿，其中面积较大的是邻近阿提卡的优卑亚岛和爱琴海南部的克里特岛。[3]

直到公元前800年前后，希腊社会才再次表现出较快发展的迹象，表现为定居点数量的增加。考古学家依据墓葬信息和其他明确的遗迹证据，对这些定居点进行了准确定年。德桑德里斯列出了定居点的数量，在波伊奥提亚地区，从早期青铜时代到罗马时代晚期，一共发现了97个定居点，其中只有6个属于早期和中期几何陶时期（约公元前900至前760年）[4]，18个属于后期几何陶时期（约公元前760至前700/650年）。阿提卡地区在公元前9世纪至前8世纪中期，仅有5个定居点，但是在公元前8世纪后期，定居点的数量突然发展到20个。阿尔戈斯南部直到公元前800年才出现了3个定居点，在此之前的两个多世纪里，那里原本的定居点都被废弃，基

1　J. P. Wilson, 1997, p. 113.

2　德桑德里斯认为小亚细亚也属于希腊本土的范畴，因为到公元前8世纪，这里的居民已经是说希腊语者，见Jean-Paul Descoeudres, 2008, p. 300。笔者认同德桑德里斯的观点，但是本节讨论希腊本土的案例时主要集中在希腊大陆及其附近岛屿。

3　Jean-Paul Descoeudres, 2008, p. 300.

4　根据考古学特征的希腊历史分期大致如下：前几何陶时期，公元前1080/1070至前900年；早期几何陶时期，公元前900至前850年；中期几何陶一期，公元前850至前800年；中期几何陶二期，公元前800至前750年；后期几何陶时期，公元前750至前700年。

本上荒无人烟。这一数量在公元前700年左右增长为16个，但仅为迈锡尼时代定居点数量的一半。亚该亚地区（Achaia）的"黑暗"持续时间更长，迈锡尼时代的定居点在数个世纪里都处于被废弃的状态，直到公元前8世纪后半期才重新恢复。埃伊盖拉（Aegira）可能是唯一的例外，该地区的定居点没有完全被废弃，在这一地区的阿尔特弥斯圣所发现的陶器可以一直追溯到公元前9世纪甚至公元前10世纪。[1] 可以发现，希腊本土的定居点数量在公元前8世纪后期急速增加，这可能代表着人口的增加和社会的兴起。

但是在公元前8世纪末之前，定居点的规模仍然有限。安德罗斯岛的扎戈拉为我们了解这一时期希腊本土定居点的情况，提供了可供观察的样本。[2] 扎戈拉建于公元前8世纪早期，然后迅速发展为迄今在希腊世界考古发掘中最大定居点之一。它三面环海，海岸的峭壁构成天然的围墙，剩余一面建有石头围墙，形成了与其他土地隔离开的形势。围墙之内面积约为5.5公顷，其中约有6%的面积已经全部发掘，发掘出来的房屋遗址有20座左右，房屋之间有街道和空地，每座房屋可能居住着一户，每户的人口至少有6人。如果已经发掘的部分能够代表整个定居点的平均情况，那么据估计，在公元前8世纪末的最繁荣时期，扎戈拉可能有300座房屋，人口超过2000人。[3]

弗朗西斯卡·朗则以开俄斯岛上的恩波里奥、奥洛珀斯等地的考古

---

[1] 德桑德里斯的资料来源主要是1968到1997年间发布的一系列考古报告，他所列举的地区主要集中在伯罗奔尼撒和东部希腊地区，不包括北部的马其顿和色雷斯，也不包括南部的克里特岛。当然，为了谨慎起见，考古学家只列出了有确切证据的定居点，所以实际定居点的数量肯定超过文中所列举的这些。详见Jean-Paul Descoeudres, 2008, p. 321−322。

[2] 安德罗斯岛位于基克拉迪群岛最北端，面积约为380平方千米。

[3] 关于扎戈拉的考古报告，见A. Cambitoglou, et al., *Zagora. I: Excavation of a Geometric Settlement on the Island of Andros, Greece*. Excavation Season 1967, Study Season 1968−1969, Sydney: Sydney University Press, 1971; A. Cambitoglou, et al., *Zagora. II: Excavation of a Geometric Town on the Island of Andros*. Excavation Season 1969, Study Season 1969−1970, Athens: Athens Archaeological Society, 1988; A. M. Snodgrass, 2006, pp. 211−212; Jean-Paul Descoeudres, 2008, p. 324。

发掘为例，总结了公元前700年之前3个世纪中希腊本土定居点房屋布局的两种基本形式：一种是房屋散布在定居点周围，另一种是在定居点集中布局建造房屋。不管是哪一种形式，这些定居点的街道都没有经过规划，而是按照地形顺势而成。总之，他指出这一时期定居点的特点是很分散，每个定居点的规模也很小。他认为各地的共同体只不过是一些家庭组成的小群体，组织水平也很简单，可能只有一个当地的领导者而已。[1]

从以上所列数据来看，殖民运动前夕，希腊本土的聚集定居点虽然有一定程度的恢复，但不管是从数量还是规模上看，都远未达到可以构成具有政治中心意义的城市的程度，尤其是亚该亚和洛克里斯（Lokris）地区，甚至仅有少数集中居住的定居点，更不用说城邦了。但是，很多西部地区的殖民地恰恰是这些地区的人建立的，如塞巴里斯（Sybaris）、克罗同（Kroton）、麦塔庞提翁（Metapontion）等。[2]因此，认为古风时代早期的殖民先于城邦建立并由城邦组织的传统观点，可能站不住脚。奥斯邦的观点或许更符合实际情况，他认为：希腊人在海外最早的定居点很可能是由那些富有冒险精神的私人所建立的，并且从建成到发展的整个周期很长，成员们来自希腊不同的地方。[3]笔者认为，最早的希腊殖民图景极有可能是这样：一些富有冒险精神的希腊人在海外商业活动中，建立了一些临时定居点，在此过程中，他们发现这些定居点可能比他们的家乡更加适合居住和发展，因此就逐渐稳定下来，并在这个基础上建立起社会和政治制度，形成了新的社会团体和政治实体。[4]在这个过程中，

---

[1] Franziska Lang, "House-Community-Settlement: the New Concept of living in Archaic Greece", *British School at Athens Studies*, Vol. 15, 2007, pp. 183-193.

[2] A. M. Snodgrass, 2006, p. 241.

[3] Robin Osborne, 1998, p. 253.

[4] 哥本哈根大学亚述学者摩根斯·特罗勒·拉尔森（Mogens Trolle Larsen）详细研究了古亚述在小亚细亚地区的殖民，他的基本结论是：古亚述在小亚细亚地区的早期殖民地基本上都是由商贸据点逐渐发展起来的。拉尔森的研究为我们研究古希腊的早期殖民活动提供了很好的参考。见Mogens Trolle Larsen, *The Old Assyrian City-States and its Colonies*, Copenhagen: Akademisk Forlag, 1976, pp. 80-84。

必然伴随着与原住民、其他移民（尤其是腓尼基人）之间的交往和冲突，甚至是战争。当然，在古风时代后期和古典时代，希腊本土城邦急剧发展以后的大规模殖民活动，原因就更多样、更复杂，城邦参与和组织的元素也更多了。各种冲突和战争也相应地更频繁、更大规模了。

实际上，古代希腊历史上各个时期都有殖民（或更恰当地称为移民）的活动。但是古风时代的殖民有着非常独特的地位，首先因为它范围之广和规模之大，被一些现代历史学家冠之以"运动"；其次是因为一些学者认为古风时代的殖民是城邦的产物，所以古风时代也被称为殖民时代。[1] 古风时代希腊人殖民的范围主要是小亚细亚南部沿岸、爱琴海北部和黑海沿岸、北非、意大利南部和西西里，以及更远的地中海西部沿岸。现存史料最多的是西西里和意大利南部的殖民活动。

我们以希腊人在西西里和意大利的早期殖民活动为例，可以窥得古风时代殖民活动的一些特点。虽然无法靠文献佐证，但据传说，来自优卑亚的卡尔基斯人最早建立了殖民地皮特库萨（Pithecusae，约公元前776年）和库麦（Kyme，约公元前757/756年），有确切文献记载的是纳克索斯（Naxus），研究者从修昔底德的记载中推论出是公元前734年。[2] 据修昔底德记载，在希腊人到来之前，西西里岛上已经有了不少其他居民，包括传说中的原住民基克罗普斯人和莱斯特利哥涅斯人；后来到的西坎尼亚人，特洛伊战争失败后逃出来的特洛伊人，被统称为爱利米人；从特洛伊归国途中遭遇风暴后自利比亚辗转来到这里的佛基斯人；来自意大利的西克尔人。另外，还有腓尼基人生活在西西里岛的沿海地带。但是，

---

[1] John Boardman, et al. eds., *The Cambridge Ancient History*, Vol.3, Part 3, Cambridge: Cambridge University Press, 1982, p. 83. 笔者对"殖民是城邦的产物"这一观点持保留态度，从现有的资料来看，殖民与城邦之间远非如此简单的单向关系，这也是本节重点论述的问题。

[2] Thucydides, *History of the Peloponnesian War*, 6. 3. 一些学者认为修昔底德关于殖民地的记载是最值得信赖的文献资料，其中很多记载也得到了考古学的证实。A. M. Snodgrass, *An Archaeology of Greece*, Berkeley: University of California Press, 1987, pp. 58–66.

当希腊人开始乘船大量涌入西西里岛之时，腓尼基人放弃了他们在西西里岛东部的大部分居住地，集中迁徙到摩提亚（Motya）、索罗伊斯和潘诺姆斯等西西里岛的西部地区，与爱利米人毗邻而居。这或许是由于他们依赖于与爱利米人的联盟，或许是由于西西里岛的西部与迦太基往来便利。后来，科林斯人建立了叙拉古，并用武力赶走西克尔人，建立了伦提尼，后来又建立了卡塔那。大约同时，拉米斯带领麦加拉的移民抵达西西里，在潘塔基阿斯河畔建立了特洛提鲁斯。后来又建立了萨普苏斯和麦加拉。再之后，这些早期的殖民地又进行二次殖民，建立了诸多新的殖民地。[1]

古风时代的希腊殖民运动有两个重要的特点。第一，一个殖民地的建立者可能不是来自某个单独的城邦，而是来自不同城邦。古典史料所记载的殖民运动往往是来自某一个希腊城邦的人建立了某个或某些殖民地。然而，实际情况未必如此，在大规模长时间的跨海迁移活动中，会有来自不同城邦的人聚在一起集体行动。希罗多德、修昔底德所说的卡尔基斯人、科林斯人、麦加拉人建立某个殖民地，极有可能是这些殖民活动的主要领导人来自这些城邦而已。斯诺德格拉斯就援引阿基洛库斯（Archilochos）的诗句来证明这一点——"全希腊的不幸都集中到塔索斯来了"[2]。同理，我们还可以进一步推论，在殖民过程中，希腊人与非希腊人，尤其是与腓尼基人之间的界限也未必那么泾渭分明，也可能有混居和共同活动的时候。

第二，殖民者与原住民和其他殖民者之间存在各种冲突，也有各种交流。在殖民过程中，希腊殖民者与当地原住民和同样殖民而来的腓尼

---

[1] Thucydides, *History of the Peloponnesian War*, 6. 3.

[2] A. M. Snodgrass, "The Nature and Standing of the Early Western Colonies", in G. R. Tsetskhladze and F. De Angelis eds., *The Archaeology of Greek Colonisation: Essays Dedicated to Sir John Boardman*, Oxford: Oxford University Committee for Archaeology, 1994, p. 2.

基人发生了多次冲突甚至战争[1]，希腊各殖民地之间也有类似情况。当然，在冲突和战争之外，这些来自不同地方的人肯定有很多经济文化等方面的交流。比如考古学家在西西里的腓尼基人殖民城市摩提亚的卫城中发现了古风时期的科林斯陶器。虽然一些历史学家勾勒了殖民地的商贸往来和文化交流情况，但是都基于有限的文字史料和考古材料。

希腊城邦有两个关键要素，一是作为政治中心的城市[2]，二是作为政治共同体的公民集体以及对这种集体的认同。这两个要素的形成顺序在希腊本土和殖民地是不同的。一般来说，在希腊本土是先有了作为政治中心的城市，然后形成了作为共同体的公民集体，这一过程主要是通过前文所述的"居地统一"运动实现的；在殖民地的情况则不同，集体认同产生于殖民过程[3]，这种集体认同推进了同时具有定居点和政治中心作用的城市的建立，或者这种集体认同与城市的建立可能是同时发生的。

我们先考察殖民地和希腊本土的城市化进程。关于城市（Urban）与城市化（Urbanization）在古代世界的含义，学术界有诸多探讨，笔者采用奥斯邦的定义，即城市是一种由各种社会个体组成的大型、密集、持久的居住点。[4]当然，从规模上来说，古代的城市包括了现代意义上的城

---

[1] 希腊人在各处的殖民地基本上都与腓尼基人有一定的交集，包括在爱琴海北部、黑海地区、小亚细亚和北非地区。现有史料没有证明早期的冲突有多大的规模（主要史料是修昔底德的《伯罗奔尼撒战争史》和斯特拉波的《地理志》），但是一般来说不会有很大规模的战争，因为很多殖民地是从商贸据点发展起来的。

[2] 如前所述，笔者赞同徐晓旭等学者的观点，中心城市是城邦的一个核心特征，没有中心城市的应该称为部落国家，有中心城市的才是典型的城邦。

[3] 这种集体认同与下文所论述的创建者崇拜有一定区别，殖民地的创建者崇拜的形成有一个较长的过程，主要是强调自身与母邦的分离，强调子邦相对于母邦的集体意识。至于将自身与外界（如原住民和其他殖民者）区分开来的集体意识，应该是在殖民者进行远航的过程中就开始形成了。

[4] Robin Osborne, "Urban Sprawl: What is Urbanization and Why does it Matter", in Robin Osborne and Barry Cunliffe eds., *Mediterranean Urbanization: 800–600 BC*, Oxford: Oxford University Press, 2005, pp. 1–16.

市（city）和城镇（town），并且在古风时代所谓的城市更多的还是城镇。

大约从公元前750年起，希腊世界开始了城市化过程。厄立特里亚在公元前850年前后还处于散居状态，到公元前700年形成了内部联系比较紧密的村庄，其定居点面积大概有1000公顷，人口可能达到了5000人。科林斯、克诺索斯和阿尔戈斯等地的发展情况至少和厄立特里亚相当。人口超过1000人的共同体可能有数十个。通过"居地统一"运动，人们开始从村庄迁往较大的城镇。同时，较小的定居点的人口密度也有显著增加。在基克拉迪岛屿上的考古发掘显示，在公元前800年，一般村庄的房屋不过只有十几二十座，从公元前750年往后，则发展成为由数以百计的房屋构成的较大共同体。随着人口的增长和建筑规模的扩大，一些明显的"城市特征"出现了，很多城市都有了正式的阿戈拉（agora，市场或市政广场），并且成为政治、商贸和宗教活动的中心，神庙（或圣所）和剧院等公共建筑也开始发展起来。不仅城市内部开始出现了不同区域的规划——各区域在地位和重要性上存在明显差别，城市和乡村在政治和宗教特征方面的区别也愈加明显。[1]

在古风时代希腊城市化进程中，吸引考古学家注意的新鲜元素不在于此前未曾出现过相对密集、人口相对较多的定居点，而在于这些相对密集、人口相对较多的定居点同时也成了独立的政治中心，以及这种城市为何会成为更新的定居点的发展模板。[2]殖民运动或许可以为这个问题提供一些可能性的回答。腓尼基人和希腊人在西地中海的殖民活动，影响了本土定居点原本的发展过程，加快了它们城市化的转变过程。外来者新建的殖民地在这些地区的定居点体系中，发挥着城市中心的作用。

---

1 Chester G. Starr, 1977, pp. 98-103; Ian Morris, "The Growth of Greek Cities in the First Millennium BC", in G. R. Storey ed., *Urbanism in the Preindustrial World: Cross-Cultural Approaches*, Tuscaloosa: University of Alabama Press, 2006, pp. 27-51.

2 Robin Osborne, 2005, p. 9.

很多殖民地具有明显的"城市特征",比如城墙和神庙(或圣所)。这些"城市特征"是否在殖民地建立之初就存在,还是后来出现的?如果是后者,它们又是在什么情形下出现的?殖民定居点为何最终会具有这些特征:是殖民定居点采取了当地已有的定居形式并加以发展,还是殖民者在这些地区创建了一种新的定居点模式?

为了回答这些问题,皮特·范德梅伦考察了意大利南部和西西里的殖民地的城市化进程,他得出的结论是,无论是腓尼基人的殖民地还是希腊人的殖民地,在建立之初都没有任何明显的"城市特征",但是在很早的阶段(公元前8世纪早期),这些殖民地普遍开始有了城市化的迹象,其原因可能是殖民者在新建立的土地上要有一定规则地进行土地划分。[1] 他认为腓尼基人和希腊人在"大希腊"(Magna Graecia)的殖民地不同,总体来说,腓尼基人的殖民地更具有城市的雏形,有神灵的圣所,有更为密集的建筑,而希腊殖民地则是在有一定规划的街道之间混有房屋建筑和耕地。博德曼也认为,西地中海的希腊殖民者,很多来自希腊本土那些尚未城市化的地区,他们在殖民过程中学习借鉴了腓尼基人的城市规划和建筑特征,促进了希腊殖民地的城市化,而殖民地的城市化又通过殖民者自身的纽带影响了希腊本土的城市化。[2]

希腊本土城市的很多具体规划和建造模式,就是首先在殖民地城市发展起来的。其中一个重要模式就是将城市分成几个部分或几个区域,每个区域都有不同的朝向,如建于公元前8世纪和前7世纪的西西里的麦加拉(Megara Hyblaea)、克罗同、塞巴里斯等。当然,最典型的是塔索

---

[1] Peter Van Demmelen, "Urban Foundations? Colonial Settlement and Urbanization in the Western Mediterranean", in Robin Osborne and Barry Cunliffe eds., *Mediterranean Urbanization: 800-600 BC*, Oxford: Oxford University Prwss, 2005, pp. 143-167.

[2] 博德曼甚至进一步认为腓尼基人的城市在一定程度上启发了希腊城邦的兴起。见John Boardman, "Aspects of 'Colonization'", *Bulletin of the American Schools of Oriental Research*, Vol. 322, 2001, p. 33。

斯¹，从公元前7世纪前期起，该城就由至少两部分单独的建筑群组成，每一部分都围绕一座圣所而建成，东部的中心是阿尔特弥斯圣所，不过它正好处在两部分的分界线上，在此圣所的南部和北部还有皮媞亚·阿波罗圣所、狄奥尼索斯圣所、波塞冬圣所等；西部的中心是赫拉克勒斯圣所，此外则无其他圣所。考古学家发现了公元前6世纪中期前后的城墙遗址，城墙将阿尔特弥斯圣所这部分与城市的其他部分隔离开来。这段封闭的城墙起点在围城之下的斜坡，从东北方向绕过剧院，直抵海边，西南方向则绕过阿尔特弥斯圣所抵达海边。卫城和剧院附近有古风时代的防御工事。紧邻阿尔特弥斯圣所的则是市政广场。但是关于古风时代市政广场的具体位置，学界还有诸多争论，古典时代的市政广场则确定在两个部分之间，此处在古风时代是一片沼泽。²塔索斯城的最大特征是有诸多圣所，很多其他建筑是为了承担与圣所相对应的祭祀功能而建。比如有专门的马车城门，这个城门极有可能不具有实际的防御功能，而是作为节日或祭祀庆典的马车的集结地点，通过这个城门到达阿尔特弥斯圣所，再沿一条大道通往赫拉克勒斯圣所。该城的第二个特征是有了明显的分层，阿尔特弥斯圣所明显具有政治中心的特殊地位，这部分不仅与卫城和剧院联系密切，而且一面临海，另一面有防御工事。赫拉克

---

1 关于塔索斯的建立，希罗多德记载了腓尼基人忒苏斯（Thasus）创建该殖民地的传说，修昔底德和斯特拉波认为塔索斯是派罗斯人建立的殖民地。见Herodotus, *History*, II. 44; Thucydides, *History of the Peloponnesian War*, 4. 104; Strabo, *Geography*, 10. 487. 格拉汉姆通过对考古学证据的分析，认为在塔索斯成为派罗斯人的殖民地之前，曾被一群来自色雷斯的人占据，并且形成了一个共同体，这个共同体与腓尼基人有着密切的商贸往来。格拉汉姆进一步的结论是，塔索斯是希腊人在爱琴海北部地区建立的第一个殖民地。综合文字史料和考古证据，他认为塔索斯的建立时间应该早于公元前700年。见A. J. Graham, "The Foundation of Thasos", *The Annual of the British School at Athens*, Vol. 73, 1978, pp. 61–98。

2 François de Polignac, "Forms and Processes: Some Thoughts on the Meaning of Urbanization in Early Archaic Greece", in Robin Osborne and Barry Cunliffe eds., *Mediterranean Urbanization: 800–600 BC*, Oxford: Oxford University Press, 2005, p. 58.

勒斯圣所部分则面向开放的陆地。如果赫拉克勒斯圣所在西边部分具有和阿尔特弥斯圣所在东边部分相同的中心功能，那么现在的问题是，与阿尔特弥斯圣所邻近的公共空间是一开始就作为全城的市政广场而存在，还是只有阿尔特弥斯圣所这部分的居住者有特权进入这个市政广场？或者进一步说，是否每一部分除了有自己的圣所以外，也有各自独立的中心公共空间？因为缺少足够的考古证据，这一问题尚无确切答案。但是无论如何，这样的城市布局应该反映了早期殖民城市建立过程中不同社会群体的聚居及其地位差别的情况。[1]

正如顾准引述汤因比的话说："跨海迁移的苦难所产生的一个成果……是在政治方面。这种新的政治不是以血族为基础，而是以契约为基础。……在希腊的这些海外殖民地上……他们在海洋上'同舟共济'的合作关系，在他们登陆以后好不容易占据了一块地方要对付大陆的敌人之时，他们一定还和在船上的时候一样把那种关系保存下来。这时……同伙的感情会超过血族的感情，而选择一个可靠领袖的办法也会代替习惯传统。"[2]

对于殖民过程中的这种集体认同，由于缺少文献材料，我们很难具体评估，但是我们可以通过殖民地的宗教祭仪来进行一定程度的重构。汤因比指出，在殖民过程中，殖民的领袖（在大多数情况下也是殖民地的创建者）起着非常重要的作用。在殖民地建立过程中和殖民者后裔的集体记忆中，人们所津津乐道或感恩铭怀的，往往不是派他们出来的"母邦"，而是带领他们走出来的创建者。因此，殖民过程中共同体情感的形成，在宗教方面就集中体现在殖民地的"创建者"（οἰκιστής）崇拜中。

---

[1] François de Polignac, 2005, p. 58; A. J. Graham, "Thasos: The Topography of the Ancient City", *The Annual of the British School at Athens*, Vol. 95, 2000, pp. 301-327.

[2] 顾准：《希腊城邦制度》，第62页。

在大多数殖民活动中，都会有一个或几个被称为οἰκιστής的创建者。在外出殖民的复杂环境中，创建者的个人重要性及其权威得以彰显，因为很多时候需要创建者做出计划、决断，还要聚集人心，建立一整套社会秩序和法律。殖民地的创建者去世后，他往往会被当作当地英雄加以崇拜，并获得专门祭仪。[1]因为当他活着之时，新的共同体是以他为核心，一旦他逝去，无人能够取代他的这种地位，他的墓冢就是象征着他地位的替代物。创建者崇拜也正是以创建者墓冢为依托和核心。创建者的墓冢通常会在新建殖民地的市政广场上的显眼位置，关于这一点，最早有明确历史记载的是库列涅的创建者巴托斯（Battos）。品达的诗歌曾有如下记载：

> 现在，他去世了，被单独安放在那里，在市政广场的尽头。当他在世之时，给予我们福佑，因此现在受到了英雄般的崇拜。在他的墓冢之外，散布着其他神圣国王的墓冢，他们的灵魂都在冥府里。[2]

从品达的诗歌中我们可以推测，巴托斯之后的国王也被葬在城市里，甚至可能也得到了英雄般的崇拜。但是，他们的地位与巴托斯不相等，他们的墓冢是散布在城市中的，与巴托斯的墓冢做出明显区分。也就是说，只有巴托斯得到了特别的尊崇。马尔金认为，从这一点来说，库列涅的创建者崇拜具有一定的典型性。[3]即使在古风希腊殖民地的政治体制中，君主政体并不多见，主要就出现在库列涅、塔拉斯和叙拉古等地。

品达的记载也得到了铭文材料的支持。费瑞在1927年公布了一段长篇铭文，出自公元前4世纪末期的库列涅，这篇铭文包括了不少神圣法

---

[1] Irad Malkin, 1987, p. 3.
[2] Pindar, *Pythian Odes*, 5. 93.
[3] Irad Malkin, 1987, p. 205.

令，并自称这些法令非常古老，来自最早的阿波罗神谕。法令不仅称巴托斯为ἀρχηγέτης，并且规定巴托斯的墓冢具有神谕功能，库列涅的人民在处理重大事务时应该去向巴托斯请求神谕。[1]

上述法令还提到了另一个重要的词语ἀρχηγέτης。虽然与οἰκιστής联系密切，但ἀρχηγέτης的含义更丰富，应用范围也更广泛。ἀρχηγέτης由ἀρχή（开始、起源）和ἄγειν（领导）组成，一般来说有三层含义：先祖、创建者和崇拜接受者。[2] 很多神灵拥有这个称谓，如阿波罗（尤其是在殖民语境中）、狄奥尼索斯、雅典娜和赫拉（后二者的称谓是女性的ἀρχηγέτις）；同时，一些著名英雄也拥有这一称谓，比如斯巴达的赫拉克勒斯。[3] ἀρχηγέτης集中体现了对创建者的崇拜在宗教上的象征意义和功能。除了上述神灵和英雄之外，ἀρχηγέτης通常用于称呼小的或当地的英雄，其崇拜也限于某个具体城邦或城市。城邦宗教是一种集体宗教，它提供将共同体成员聚集在一起的纽带。对于共同体中的每个成员，宗教建立了一种认同的框架，包括个体认同和集体认同。在早期希腊，这种城邦宗教基于血族群体（这种血族关系既有真实的，也有虚构的），比如他们有共同的先祖。作为先祖的ἀρχηγέτης就满足了这种功能，为较大的社会族群提供了一种共同身份的认同。

创建者崇拜首先出现在殖民地，这是因为殖民地往往缺乏现成的崇拜传统，殖民者需要创造一种与新的土地建立联系的纽带，与土地密切相关的创建者崇拜正好能够满足这种需求。每个殖民地都有独有的宗教崇拜作为纽带，因为每个殖民地的创建者崇拜都是对他们自己的英雄、自己的城邦建立者的崇拜，不是假于他者的。

---

[1] Irad Malkin, 1987, pp. 206–212.

[2] Irad Malkin, 1987, p. 234.

[3] Xenophon, *Hellenica*, 6.3.

与殖民地创建者崇拜相对应的，是希腊本土的英雄崇拜。[1]尽管一些学者认为英雄崇拜是迈锡尼时代和荷马时代一些崇拜形式的延续，仍有很多学者认为英雄崇拜兴起的时间是在公元前8世纪晚期，与希腊城邦兴起的时间大致相同。[2]英雄崇拜兴起的背景首先是墓葬形式的发展。公元前8世纪，希腊本土和外出殖民的贵族，开始奉行一种新型的墓葬形式，就是为共同体男性成员建立公共墓地，并在这些公共墓地凸显重要成员（包括真实的和传说的英雄人物）的墓冢，并将这种墓葬形式上升到集体认同的意义。[3]

英雄崇拜的主要载体是（真实或传说中的）英雄墓冢。英雄墓冢有一个专门的称谓ἡρῶον，通常是在某个城市的市政广场比较显眼的位置，并且与其他人的墓葬地分开，以显示其特殊地位。与之配套的，通常还有其他纪念性建筑或用于祭仪的实用性建筑。[4]英雄墓冢是英雄崇拜和作为"权力的象征"以及"权利的源泉"，英雄墓冢对于不同社会群体在宣称土地所有权或社会身份的合法性、正当性之时，有着非常重要的意义，尤其是在社会和政治剧烈变化的时期。因为大多数英雄都与某个具体的胞族、氏族或城邦有着非常密切的认同关系，当这种墓葬形式与某个具体的创建者联系起来时，它就不仅仅是一种私人或个体行为了，而

---

[1] 在古代希腊的语境中，"英雄"一词有着两层含义：第一是泛指在史诗中受到赞颂、声名远扬的人物，荷马史诗中的很多人物都可以称得上英雄；第二是专指那些死去以后其墓冢发挥着重要预言和祭仪功能的人，当然他们本人也受到极高的崇拜。这里所说的英雄崇拜正是后者。见Walter Burkert, *Greek Religion: Archaic and Classial*, Translated by John Raffen, Oxford: Blackwell, 1985, p. 203。

[2] Walter Burkert, 1985, p. 203; Irad Malkin, 1987, p. 264; Jan N. Bremmer, "The Rise of the Hero Cult and the New Simonides", *Zeitschrift Für Papyrologie und Epigraphik*, Vol. 158, 2006, pp. 15−26; Jennifer Larson, *Ancient Greek Cults: A Guide*, New York: Routledge, 2007, p. 197.

[3] 莫里斯认为，墓葬是"社会结构通过仪式媒介进行自我表现的物质遗存"，在古风时代早期的希腊，"在明确划定的墓地里正式安葬，被视为垄断共同体完全成员资格的社会群体的首要象征"。见Ian Morris, 1987, pp. 18−20。

[4] Walter Burkert, 1985, p. 203.

成为一种城邦公共祭仪。古风时代的许多城邦都将英雄崇拜这种公共祭仪当作传达一种政治关系的象征性事物。[1]

希腊本土的英雄崇拜与殖民地创建者崇拜有诸多相似之处。[2]虽然没有直接的证据可以证明它们之间的先后关系，它们之间的关联却是无可置疑的。希腊神话和宗教中有很多关于创建者的崇拜，包括仪式的创建者、城市的创建者和圣所的创建者等。这些创建者又有不少是传说中的英雄人物，如雅典的忒修斯（Theseus）、提洛岛的阿尼俄斯（Anios）[3]和埃吉纳的埃阿克斯（Aiakos）等。在殖民地，创建者崇拜与这些殖民者先前所奉行的ἀρχηγέτης崇拜结合在一起，形成了独特的οἰκιστής-ἀρχηγέτης崇拜。马尔金认为，随着城邦制度的发展，希腊本土的各城邦在殖民地的启发下，也创造了他们自己的οἰκιστής-ἀρχηγέτης崇拜。[4]雅典的克里斯提尼改革就极好地阐释了ἀρχηγέτης这一术语的英雄崇拜之意。据《雅典政制》记载，德尔斐的阿波罗祭司皮媞亚从100个ἀρχηγέτης名单中选取了10个作为雅典的守护英雄。[5]在这里，ἀρχηγέτης的三个层面的含义（先祖、创建者和崇拜接受者）得以统一。当ἀρχηγέτης这一称谓用于οἰκιστής崇拜之时，就意味着οἰκιστής不仅作为一个共同体的先祖和创建者而受到崇拜，而且也对共同体的集体认同有着非常重要的意义。

英雄崇拜的兴起对城邦的兴起和发展有着重要意义。在迈锡尼时代

---

1 斯诺德格拉斯认为，这种政治关系的根源是因为英雄崇拜（尤其是英雄的墓冢）与土地有着直接的联系。见A. M. Snodgrass, 1980, pp. 38-40。
2 Jennifer Larson, 2007, p. 201.
3 阿尼俄斯的圣所已经得到考古学的证明。该圣所大约建于公元前7世纪末至前6世纪初，是一座露天的庭院，长宽约10米×11米，周边有木制柱廊和围墙，庭院内有一个祭坛，还有排水管道。圣所内有许多供奉品，包括一个大理石库罗斯（青年男性形象）雕像，不少陶瓶。圣所旁边还有几个隔开的房间，有可能用作餐室。还有7座古风时代的墓冢也属于这个建筑群。见Jennifer Larson, 2007, p. 201。
4 Irad Malkin, 1987, pp. 265-266.
5 Aristotle, *The Politics and the Constitution of Athens*, 21. 6.

和荷马时代，人们对死者的崇拜主要集中在各个氏族或胞族的首领，因此厚葬之风盛行。[1] 到了公元前8世纪后期，厚葬之风逐渐减弱，并且也受到法律的限制。为贵族首领举行的葬礼仪式逐渐被市政广场上制度化的公共祭仪所取代，其目的是彰显对英雄的特别尊崇。氏族或胞族血统联系的重要性相应地下降，而共同体每个成员都需要参加的公共祭仪逐渐成为生活的重心。英雄崇拜所关注的实际上是共同体内部当前的一种集体联系，而不是代代流传的血统联系。尤其是从大约公元前700年开始，由重装步兵组成的城邦军队取代贵族骑兵成为决定性的政治和军事力量，对城邦集体活动尤其是军事活动中表现卓越的英雄的崇拜，成为表达集体认同的一种主要形式。[2] 这种集体认同，正是希腊城邦作为一种国家形式的基本要素之一。

把公元前8世纪放在整个希腊历史发展的大背景下来考察，我们可以较为明显地看到希腊社会发展具有一定的延续性。正如福克斯霍尔（Lin Foxhall）所指出的，从迈锡尼时代到荷马时代再到古风时代前期，希腊社会的基本经济体系并未发生质的改变。最基本的农作物一直是小麦，经济作物一直是橄榄树，农民养殖的动物仍然主要是绵羊，纺织品一直以亚麻为主。在社会组织方面，迈锡尼时代虽然以宫廷为中心，但是作为村社自治组织的"达摩斯"（Damos）一直发挥着作用，尤其是在管理地方共同体的土地方面。[3] 随着迈锡尼文明的衰落，社会经济体系和社会组织结构同样陷入了衰败中，但是在衰败的同时也留下了延续的种子。

---

1 莫里斯分析了考古发现的墓冢陪葬品，从公元前1050至前750年，雅典的成人墓冢中的陶器和金属器物的平均数量都在个位数。所以，这里的所谓厚葬也只是相对而言。见Ian Morris, 1987, p. 182。

2 Walter Burkert, 1985, p. 204. 关于重装步兵的发展或者所谓的"重装步兵改革（革命）"对希腊城邦的影响，见黄洋、晏绍祥：《希腊史研究入门》，北京大学出版社，2009年，第180—184页。

3 Lin Foxhall, "Bronze to Iron: Agricultural Systems and Political Structures in Late Bronze Age and Early Iron Age Greece", *The Annual of the British School at Athens*, Vol. 90, 1995, pp. 239-250.

从公元前8世纪开始，随着人口的增长，"黑暗时代"遗留下来的一些定居点在古风时代逐渐发展成为一定规模的村庄，村庄进而发展成为城镇和城市。

与此同时，希腊人也开始较大规模地外出殖民，由于殖民活动的集体性较强，殖民者筑城聚居的需求也比希腊本土更强烈，因此希腊殖民地在腓尼基人殖民城市发展的影响下，较为迅速地进入城市化过程，这个过程要比希腊本土通过"居地统一"运动而完成的城市化要相对早一些和快一些。通过殖民者自身与希腊本土的各种纽带和联系，殖民地的城市化过程可能对希腊本土的城市化有着一定的影响，进而影响了城邦的兴起。[1]

---

[1] 关于城市与城邦的关系，核心问题在于，究竟是社会和政治组织的变化（城邦政治的发展）导致了新的定居形式（作为定居点的城市出现），还是新的定居形式导致了社会和政治组织的变化？笔者认为，最初的先后关系应该是后者。当然，在随后的发展过程中，二者肯定是相互促进的。

第四章
荷马史诗与古代东方文学传统
——以"宙斯受骗"为中心的考察

第一节 荷马史诗中的"宙斯受骗"与古代东方文学传统

在荷马史诗《伊利亚特》第14卷中,有一段"宙斯受骗"的情节。赫拉和波塞冬想要帮助希腊人打败特洛伊人,因为担心宙斯干涉他们,于是赫拉借来爱神阿芙洛狄忒的腰带,故意来到宙斯身边,编造了一段谎言引诱宙斯与自己欢爱,波塞冬则趁机帮助希腊人对特洛伊人发起进攻。这一段情节里有两个比较特别的主题——创世和宇宙统治权,这两个主题都与古代东方文学传统有着密切的关系,可以追溯到苏美尔人最早的史诗《埃努玛·埃利什》(*Enuma Elish*)和《阿特拉哈西斯》(*Atra-Hasis*)。

赫拉为了引诱宙斯,假装匆匆忙忙地路过宙斯所在的伊达山最高峰伽尔伽朗,宙斯问她到哪里去,赫拉编造了一段谎言,说她要前往丰产大地的尽头看望众神的始祖欧克阿诺斯(Oceanus)和始母忒图斯(Tethys)。[1]根据希腊神话传说,欧克阿诺斯是天神乌拉诺斯与该亚之子,

---

[1] Homer, *Iliad*, 14. 300–305. 中译本参考了《罗念生全集》第5卷《荷马史诗·伊利亚特》,上海人民出版社,2004年。

是波塞冬之前的海洋神，忒图斯是乌拉诺斯与该亚的女儿。值得注意的是，在古代的一些作品中，这个人类的母亲忒图斯与阿喀琉斯的母亲海洋女神忒提斯（Thetis）经常会被混淆，尽管她们的名字拼写稍有不同。为什么会混淆呢？是因为这个所谓的人类的母亲忒图斯在希腊神话中太不出名了，基本上很少出现。[1]

为什么一个在希腊神话中很少出现的神灵在《伊利亚特》的这段情节中被赫拉称之为人类的始母呢？并且仅仅是在这段情节中这么安排，而不见于其他文本中。答案很可能就是很多学者所认为的，这一段情节并不是来自希腊的传统，而是在口头流传的荷马史诗中加入的来自东方的元素。

赫拉继续虚构她的谎言，她说欧克阿诺斯和忒图斯这对太古时代的伴侣，在很长一段时间里，都拒绝跟对方同床，最终由于他俩总是无休止地争吵而导致分离。欧克阿诺斯和忒图斯，一个是"起源"，一个是"母亲"。这两个名字都与海和水有密切的联系。欧克阿诺斯的名字是大洋（Ocean）的词源，忒图斯则与后来的海洋女神非常接近。泰勒斯的"万物起源于水"的灵感可能就来自这个神话。

现代研究者已经注意到，埃及人和腓尼基人很早就有万物起源于水的传说。这种传说同样出现在巴比伦的史诗《埃努玛·埃利什》中。《埃努玛·埃利什》创作于古巴比伦王国后期，时间大约是公元前15世纪至前14世纪。这部史诗的开篇讲述了万物起源："当上方的天尚未有名称，下方之地也未有名称，但是有阿普苏（Apsu），他是最初者和生育者，

---

[1] 在流传下来的古希腊作品中，除了在荷马史诗《伊利亚特》里宙斯受骗的情节中出现两次（Homer, *Iliad*, 14.201, 14.302）以外，忒图斯仅在少数文献中出现过两次以上：在赫西俄德的《神谱》中出现五次（Hesiod, *Theogony*, 136, 339, 363, 368, 929），在阿波罗多洛斯的《历史文库》中出现五次（Apollodorus, *Library*, 1.1, 1.2, 2.1, 3.12, 3.14），在柏拉图的《克拉底鲁篇》中出现三次（Plato, *Cratylus*, 402b, 402c, 402d），《泰阿泰德篇》中出现两次（Plato, *Theaetetus*, 152e, 180d），并且柏拉图也是引用了荷马史诗。

与他在一起的是提亚马特（Tiamat），她生育万物，这两位神灵不断将各自的水混合。"[1] 阿普苏指的是广袤大地上的水流，提亚马特是大海，二者融合在一起，一个是生产之父，一个是繁衍之母。他俩是最先出现的事物，是万物的起源。可是后来，混合与生育被迫中止，因为埃阿让阿普苏陷入昏睡状态并趁机杀了他，失去丈夫的提亚马特为了复仇，变得危险异常、破坏力十足。最终，马杜克战胜了这位母神，创立了宇宙。[2]

我们可以看到，赫拉虚构的故事与《埃努玛·埃利什》的开头具有令人惊奇的相似度。作为一对万物起源的父母，巴比伦的阿普苏和提亚马特这一对伴侣与希腊的欧克阿诺斯和忒图斯这一对夫妻几乎可以等同。但是，在希腊神话的其他传统中，忒图斯的存在感极低，似乎只借助于荷马史诗中的这一小段落才获得存在，她是如何位列太古母亲，在希腊无人知晓。

因为赫拉借用了爱神阿芙洛狄忒的绣花腰带，所以宙斯一见面就被魅惑了，于是宙斯和赫拉在伊达山顶一片金色的云雾中欢爱，然后拥抱着沉沉睡去。宙斯醒来以后，发现自己被骗了，战争没有按照自己的安排那样进行，于是大发雷霆，命令迅捷的传令神伊里斯让波塞冬退出战斗。波塞冬的回应非常强硬，他认为自己和宙斯是平等的，不会屈从于宙斯的命令，原因是："我们是克罗诺斯和瑞亚所生的三兄弟，宙斯和我，第三个是掌管冥间的哈德斯。一切分成三份，各得自己的一份，我从阄子拈得灰色的大海作为永久的居所，哈德斯统治昏冥世界，宙斯拈得天空和云气里的广阔天宇，大地和高耸的奥林波斯山归大家共有。"[3]

---

[1] Stephen Langdon, *The Babylonian Epic of Creation: Restored from the Recently Recovered Tablets of Aššur*, Oxford: The Clarendon Press, 1923, p. 67. 饶宗颐先生的译文为："天之高兮，既未有名。厚地之廪兮，亦未赋之以名。始有瀜虚，是其所出。漠母彻墨，皆由孳生。大浸一体，混然和同。"见饶宗颐编译：《近东开辟史诗》，辽宁教育出版社，1998年，第21页。

[2] Stephen Langdon, 1923, pp. 75–77, 83, 143.

[3] Homer, *Iliad*, 15. 300–305.

一些学者认为,波塞冬所说的三位神灵分别掌管宇宙的不同区域的主题也是来自近东文学传统,尤其是来自《阿特拉哈西斯》。《阿特拉哈西斯》是苏美尔人的神话史诗,流传下来的有多个版本,最古老的版本可以追溯到汉谟拉比的孙子阿米-萨杜卡(Ammi-Saduqa,约公元前1646至前1626年在位)统治时期。

《阿特拉哈西斯》开篇部分就介绍了古巴比伦诸神的分工:安努(Anu)是众神之王,也是众神之父,勇士恩利尔(Enlil)是众神的顾问,尼努尔塔(Ninurta)是总管,恩努基(Ennugi)是治安官。"他们握着拈阄瓶的瓶颈抽出阄来;这些神就有了分配:安努上天界,(恩利尔)得到大地,给他的臣民,霹雳和海边的沙滩被分配给目视极远的恩基(Enki)。"[1] 这样就形成了安努、恩利尔和恩基的三者组合,他们是天神、风神和水神。《阿特拉哈西斯》后来又多次提到了众神三分天下这一情节。这个故事在《吉尔伽美什史诗》(The Epic of Gilgamesh)中得到了继承,但是具体内容稍有区别。天界由天神安努和风神阿达德(Adad)共同掌管,地下世界由月神辛(Sin)和冥神涅伽尔(Nergal)共同掌管,水的世界则由水神恩基掌管。但是这里的水的范围不是海水,而是适用于人类饮用的淡水和泉水。[2]

《伊利亚特》中的这段内容与《阿特拉哈西斯》的记载也有一些不同之处,大地和众神居住的奥林波斯山一起被宣布为三神共同掌管。再进一步考察,这一段记载与荷马史诗中其他部分的记载有一定差别,与希腊神话的一般版本也有一定差别。希腊神话其实并没有如此明确地将宇宙一分为三,而是将天空、大地、海洋这三部分看成是一个整体,或者

---

[1] Wilfred G. Lambert, et al., Atra-Ḫasīs: the Babylonian Story of the Flood, Oxford: Claredon Press, 1969, p. 43.

[2] 《吉尔伽美什:巴比伦史诗与神话》,赵乐甡译,译林出版社,1999年,第83—84页。

是天空、大地、地下世界，或者是天空、大地、海洋、地下世界四个部分。但是不管怎么分，这几个部分一般都是一个有机的整体。荷马史诗中人或者神在发誓的时候，往往会将宇宙的这几个部分相提并论，希腊人在献祭祷告时说，"宙斯、伊达山的统治者，最光荣最伟大的主宰啊，眼观万物、耳听万事的赫利奥斯啊，大地啊，在下界向伪誓的死者报复的神啊，请你们作证，监视这些可信赖的誓言"[1]。甚至神灵在发誓时也有类似表达，比如赫拉向宙斯发誓时就说，"现在我请大地，请头上宽广的天空，请那不断流淌的斯提克斯河的流水，那是幸福的天神们最庄重有力的誓物"[2]。

除了上述两个重要主题外，"宙斯受骗"段落中还有一些主题和细节也明显受到东方的影响。宙斯和赫拉在伊达山顶一片金色的云雾中欢爱，可以说是这一部分内容真正的高潮。一些学者认为，这是典型的希腊传统——在宇宙自然写实的背景下展示神性，恰好体现了荷马作品神人同形同性的特点。然而，这一主题也有着古老的东方传统，在一些东方出土的滚筒印章上面，经常会有掌管风雨的神祇和他宽衣解带的妻子一同骑在龙雨上，而宙斯恰好也是掌管风雨的神灵。天与地的婚配也是阿卡德文学中经常直接表现的神话主题。在萨摩斯的赫拉神庙中，还有宙斯拥抱赫拉的木刻小雕像，这些雕像很可能是从《伊利亚特》的文本中获得的灵感，但是学者们发现雕像借鉴了来自东方的诸多原型。[3]

当然，天地交合这个主题太大了，在世界上很多地方的神话传说中几乎都有相似的表达，我们很难确定究竟是人类早期思维的共同特点，还是存在着某种前后相继的直接或间接影响。

---

[1] Homer, *Iliad*, 3. 277—280.
[2] Homer, *Iliad*, 15. 36—40.
[3] 瓦尔特·伯克特：《希腊文化的东方语境：巴比伦·孟斐斯·波斯波利斯》，第49页。

提坦神族的问题，也很明显受到了东方的影响。荷马史诗有五处提到了提坦，其中有三处是在"宙斯受骗"的上下文中出现的。比如赫拉以冥河之水立誓的时候，呼唤的就是那些古老神灵的名字。他们是天空和大地的孩子，统称为提坦。这里面比较特殊的一个是宙斯的父亲克罗诺斯，他曾用暴力推翻其父亲乌拉诺斯的统治，后来又被自己的儿子宙斯打败，被打入"深不见底的大地和海洋当中"。[1]

旧的神灵遭到新神灵的征服，之后长期被困在冥府之中，这种观念在古代东方的很多神话中都能找到源头——包括赫梯、腓尼基和巴比伦神话。比如赫梯神话中的库马尔比（Kumarbi），便是以天神安努的颠覆者形象出现的，库马尔比击败安努，吞食了他的生殖器，从而怀了三个儿子，前面两个儿子从他嘴里出来。他最后吐出来的是一块石头，这块石头变成了暴雨之神台述比（Teshub），台述比又打了库马尔比而成为最高主神。[2]

在胡利安-赫梯的一系列继承性神话中，除了库马尔比，还有众多神灵在被提及时总是以复数形式集体出现。比如赫梯神话中的天气神，就把一群神灵赶出了天庭，囚禁在冥府里。在美索不达米亚，一些"被击败的"或者"遭囚禁的神灵"，他们的下场与提坦神族非常相似，都是落败的某个神或一群神被获胜的一方驱赶到了地下囚禁起来。在史诗《埃努玛·埃什利》中，这些被打败的神灵是万物之母提亚马特的支持者，在另外几个文本中，这些支持提亚马特的神灵化身为七个恶魔，被掌管天际的神灵所管束。我们注意到，在希腊的其他宗教传统中，也出现了类似的情节。比如俄耳甫斯教的传统中，也有提坦神，他们是天空与大地所生的儿子，被"捆束"在冥府中，人数刚好也是七个。[3]

---

[1] 瓦尔特·伯克特：《希腊文化的东方语境：巴比伦·孟斐斯·波斯波利斯》，第50—51页。
[2] 瓦尔特·伯克特：《东方化革命：古风时代前期近东对古希腊文化的影响》，第90页。
[3] 瓦尔特·伯克特：《希腊文化的东方语境：巴比伦·孟斐斯·波斯波利斯》，第50页。

第二节　比较研究和"地中海共同体"视域中的荷马与东方

为什么荷马史诗中的情节与古代东方传统文学作品有如此高度相似之处？学界首先是从比较研究的角度来探讨这一问题。自从帕里和洛德的口传诗学理论创立以来，学术界已经基本认可了荷马史诗为口传史诗。[1]也就是说，荷马史诗虽于古风时代才最终成书[2]，不过口头传颂已经有了数个世纪，在其传颂过程中，无疑吸收了多种文明元素。

德国海德堡大学荣休教授奥尔布雷克特·迪赫尔列举了"宙斯受骗"这一部分内容里一系列语言上的奇怪特点，发现了很多与荷马史诗格式化的传统相背离的地方，于是迪赫尔提出一个观点：《伊利亚特》这一部分内容并不属于口头传统中的短语，它们肯定属于书写作文的部分样式。从这一段情节的语言风格、神灵形象以及万物起源的观念等方面综合考虑，这一段落并不是来自希腊传统的英雄史诗，而是直接照搬了古代近东已经书写成文的史诗中的某个段落。[3]

伯克特认为，在创世主题中，忒图斯这个名字直接来自《埃努玛·埃利什》中的提亚马特。阿卡德语中的万物之母的名字 *Tiamat* 在

---

[1] 米尔曼·帕里（Milman Parry，1902—1935），哈佛大学古希腊语文学专家。阿尔伯特·洛德（Albert Lord，1912—1991），哈佛大学斯拉夫文学和比较文学教授，曾是帕里的助手。关于二者创立的口传诗学理论，见约翰·迈尔斯·弗里：《口头诗学：帕里-洛德理论》，朝戈金译，社会科学文献出版社，2000年。在帕里和洛德之后，哈佛大学口传诗学理论的代表人物是格雷戈里·纳古，他对荷马史诗的口传特点有进一步的详尽研究。见格雷戈里·纳古：《荷马诸问题》，巴莫曲布嫫译，广西师范大学出版社，2005年。中国学者的代表性研究则是陈中梅：《神圣的荷马：荷马史诗研究》，北京大学出版社，2008年。

[2] 关于荷马史诗的创作者及其创作时间，自吉尔伯特·穆雷的《古希腊文学史》出版以来，学界已经基本认同，荷马史诗的创作者并不是一个人，而是在口传史诗的基础上由某些游吟诗人整理成完整诗篇，可能一位名为荷马的诗人在其中起了重要作用。至于史诗最终成型的时间，《伊利亚特》可能是在公元前800年以后不久，《奥德赛》则在约公元前700年。见 Gilbert Murray, *A History of Ancient Greek Literature*, New York: D. Appleton and Company, 1906, p. 32。

[3] Albrecht Dihle, *Studien zur griechischen Biographie*, Göttingen: Vandenhoeck & Ruprecht, 1970, pp. 82-93.

《埃努玛·埃利什》还有一种书写形式是 *taw(a)tu*，在流传到希腊的过程中逐渐发生了演变，w的发音消失了，长音a在希腊的伊奥尼亚方言中变成了长音e，于是 *taw(a)tu* 变成了 Tethys。[1]

在宇宙统治权的主题中，这两个文本在基本结构上却惊人地相似：两者都将宇宙划分为三界，即天界、海洋和地下世界；统治整个三个领域的都是众神中身份最高的三个神灵，而且这三个神灵都是男性。

伯克特进一步分析，这一段内容还有一个特别值得注意的现象：在这两个例子中，宇宙的划分都是由一种神秘的行为完成的，那就是拈阄。这并不是希腊神灵的惯常行事风格。在赫西俄德的《神谱》中，宙斯是用暴力颠覆了他父亲的统治，随后诸神拥立他为众神之王。并且，这种拈阄的方式在古希腊的其他史诗中也没有出现过，可以说是独一无二的。克罗诺斯的三个儿子的这种组合以及他们掌管的领域，在荷马史诗的其他地方并没有体现，在希腊的宗教崇拜中也没有体现。然而，这样的情节在《阿特拉哈西斯》中却非常重要，并且被反复提及。因此，这种方式应该不是来自希腊的传统，也是荷马史诗在流传过程中偶然插入的东方文学作品的情节。[2]

迪赫尔与伯克特的研究，侧重于提供证据，证明希腊与东方文化有相似之处，以及证明希腊可能吸收了东方文化。但是，仅就荷马史诗中"宙斯受骗"的这段情节而言，材料本身并不能提供文化迁移的可靠证据。因此，正如伯克特所言："确认文化间的相似也将是有价值的，因为这能使希腊和东方的文化现象摆脱孤立，为比较研究搭建了一个平台。"[3]

但是比较研究的一个缺陷在于对文本背后的语境没有足够的重视，迪赫尔和伯克特未能回答宙斯受骗情节中的核心问题：宙斯为什么会受骗？

---

[1] 瓦尔特·伯克特：《东方化革命：古风时代前期近东对古希腊文化的影响》，第88页。
[2] 瓦尔特·伯克特：《东方化革命：古风时代前期近东对古希腊文化的影响》，第92页。
[3] Walter Burkert, 1992, p. 8.

第四章　荷马史诗与古代东方文学传统

近些年来，学者们开始进一步探讨荷马史诗与古代东方文学传统所体现的文明交流与互动。[1]在此背景下，笔者认为，从地中海共同体的角度来思考宙斯受骗的情节，或许能够解答迪赫尔和伯克特未能解答的问题：宙斯为什么会受骗？

布罗代尔在其名著《地中海与菲利普二世时期的地中海世界》中，将16世纪后半期即西班牙国王菲利普二世在位时期的地中海世界作为一个整体加以考察，实际上就已经隐含了"地中海共同体"的概念。他的这种研究方法也逐渐为古代史学者所接受和借鉴。马尔金在《希腊小世界：古代地中海网络》一书中认为，古代希腊文明与周边文明之间，并没有非常严格的文化边界，整个地中海区域形成了一个文明交互的共同体，某些神灵崇拜和神灵观念在这个共同体中得以共享。[2]

在宙斯受骗这段情节中，不仅有赫拉与宙斯之间的引诱与欺骗，还有赫拉与阿芙洛狄忒之间的钩心斗角。支持希腊人的赫拉向阿芙洛狄忒借腰带，尽管阿芙洛狄忒支持的是特洛伊人，并且这条腰带是她维持能力和地位的重要物品，她还是借给了赫拉。其中固然有赫拉蓄意撒谎的部分，赫拉借口说她将用阿芙洛狄忒的腰带让众神的始祖欧克阿诺斯和始母忒图斯重归于好，但是主要原因还是阿芙洛狄忒所说，"拒绝你的请求不应该，也不可能，你是在强大的宙斯的怀抱里睡觉的女神"[3]。还有一个细节值得注意，赫拉在请求睡眠神帮她让宙斯入睡之时，使用了贿赂的手段，许诺给他一把不朽的黄金座椅，睡眠神表示害怕宙斯，赫拉则加价到将最美丽的美惠女神帕西忒亚送给他当妻子，最终说服了睡眠

1　相关研究成果见Sarah Morris, 1997, pp. 599–623; Charles Penglase, *Greek Myths and Mesopotamia: Parallels and Influence in the Homeric Hymns and Hesiod*, London: Routledge, 1997, pp. 64–165; Bruce Louden, *Homer's Odyssey and the Near East*, Cambridge: Cambridge University Press, 2011, p. 314。

2　Irad Malkin, 2011, pp. 1–74。

3　Homer, *Iliad*, 14. 212–213。

神帮她欺骗宙斯。[1] 著名的荷马史诗评注家、密歇根大学古典学教授理查德·杨科（Richard Janko）认为，赫拉对宙斯的欺骗，实际上出现在很多神灵关系或者凡人关系中，如阿芙洛狄忒与安基西斯、阿瑞斯与阿芙洛狄忒、帕里斯与海伦、奥德修斯与珀涅罗珀等。[2] 还有这些神灵之间钩心斗角、贿赂、欺骗的情节，有什么样的社会背景呢？

美国斯坦福大学古典学教授杨·莫里斯认为，希腊社会在公元前8世纪中期开始发生了结构性转变，这种转变又来源于地中海共同体中早期文明发展的过程，在一个较大范围内，人们的观念也开始发生转变，关于神灵、过去、空间组织，都有了相应的新观念。[3] 荷马史诗正是在这样一种历史背景下创作的。因此，荷马史诗中的东方元素，不仅反映了这一时期，或者更早时期希腊文明与东方文明的交流与互动，而且反映了这一时期地中海世界的历史发展趋向。

从公元前8世纪开始，由于人口增长和商业活动的繁荣，希腊人开始大规模地进行移民活动，希腊人的足迹遍及黑海、小亚细亚、北非、意大利、西西里等地中海沿岸。实际上，这种移民活动不仅仅限于希腊人，同一时期，以腓尼基人为代表的东方诸民族也在地中海世界进行着各种商贸和移民活动。在这些跨海移民活动中，冒险精神和个人能动性被提升到非常的高度。对人的强调必然导致对人神关系的思考，这种思考的结果就是促进了希腊人"神人同形同性"观念的形成。在这种观念下，神灵之间的争吵、欺骗就比较好理解了：神灵之间的各种关系不过是人类世界在神灵观念中的投射而已。

---

[1] Homer, *Iliad*, 14. 230−269.

[2] Richard Janko, *The Iliad: A Commentary. Vol. 4: Books 13−16*, Cambridge: Cambridge University Press, 1994, pp. 168−170.

[3] Ian Morris, 1987, p. 171.

第五章
希腊宗教中的东方元素
——以阿波罗崇拜为中心的考察

在古代希腊文明与东方文明的交流互动中，希腊宗教中出现了大量东方元素，这个问题一直是西方学术界研究的焦点问题。在1987至2006年中，贝尔纳完成了皇皇巨著《黑色雅典娜》[1]，其中的第三卷试图利用修正的古代模式来阐明希腊宗教和神话中从前无法解释的一些侧面，尤其是神的名字。他讨论了埃及的鹰/牛、公羊/山羊崇拜与希腊的宙斯与狄奥尼索斯崇拜之间的联系；古代埃及的塞特和希腊的女神阿芙洛狄忒；阿波罗与阿尔特弥斯崇拜的起源与传播，以及这两个神祇形象与卡德摩斯和欧罗巴之间的平行关系。这种宗教上的相似因素可能肇因于古代东地中海世界是一个文化"共同体"。早期希腊与东方文明交流频繁，她的文化和宗教很难独立于这一"共同体"而不受影响地发生。

本节以阿波罗崇拜为例，基于古典史料和已有研究成果，从神名、神职、宗教仪式、宗教节日等方面勾勒希腊宗教中的东方元素。之所以选择以阿波罗崇拜为例，是因为阿波罗被很多学者认为是"最具希腊性

---

[1] Martin Bernal, 1987, 1991, 2006.

的神"[1]，甚至有学者宣称"阿波罗是希腊精神的具体体现"[2]。探讨这样一位最具希腊性、最能体现希腊精神的神祇所具有的东方元素，或许有一定的代表性。

第一节 阿波罗神名与神职中的东方元素

阿波罗的希腊语名字是 Ἀπόλλον，匈牙利学者、哈佛大学教授格雷戈里·纳吉认为这一词最早来源于 ἀπέλλαι，而这个名字用得最广泛的变异形式是 Ἀπέλλον。[3] Ἀπέλλον 是塞浦路斯希腊语方言中的一种生僻用法（to-i-a-pe-lo-ni =τῶι Ἀπείλωνι），这是早期方言将 o- 音化合为 ε- 音的结果。塞浦路斯方言的这种生僻用法源自荷马史诗中的 ἀπείλε，意思是"允诺，自夸的许诺；恐吓"，对应的动词是 ἀπείλεω，意为"做出承诺，自夸地许诺；恐吓"。纳吉论证说，ἀπείλε 和 ἀπείλεω 的这些含义是基于一种语言行为，这与 ἀπέλλαι 的含义是相吻合的。因此，Ἀπέλλον 就是 "he of the *ἀπέλια"[4]，即权威的语言之神，主持所有与语言有关的行为（包括一般意

---

1 见 Walter Burkert, 1985, pp. 143, 405 note 2; W. K. C. Guthrie, *The Greeks and Their Gods*, New York: Beacon, 1985, p. 73; H. J. Rose, 1928, p. 134; Daniel Ogden, *A Companion to Greek Religion*, Oxford: Blackwell, 2007, p. 49. 这些学者的观点也得到了一些基本历史事实的证明：对阿波罗的崇拜流行于整个古代希腊世界；许多重要的早期神庙和神像属于阿波罗神；带有阿波罗神名的希腊人名非常普遍；阿波罗崇拜的两个地域性中心——提洛岛和德尔斐从来就不缺敬拜者，特地献给提洛岛和德尔斐神庙的圣所到处皆是。提洛岛本是一个连泉水都没有的小岛，却由于阿波罗神庙而成了基克拉迪群岛的中心市场和大众祭所；德尔斐地处偏僻，却因为阿波罗神谕而获得了广泛的声誉。

2 W. K. C. Guthrie, 1985, p. 74. 格斯里甚至认为："一切使希腊人与其他民族相区别，特别是使之与周围野蛮民族相区别的东西——各种各样的美，无论是艺术、音乐、诗歌还是年轻、明智、节制——统统都汇聚在阿波罗身上。"

3 Gregory Nagy, "The Name of Apollo: Etymology and Essence", in J. Solomon ed., *Apollo: Origins and Influences*, Tucson: University of Arizona Press, 1994, pp. 3–7.

4 *ἀπέλια 中的 * 表示语言学上一种没有定论的推测。

义上的吟唱和特殊意义上的诗歌)之神。[1]

阿波罗的两个绰号具有非常明显的东方色彩：Λυκείος（或者 Λυκίος）和 Λετοίδες。Λυκείος 有两层含义：一是吕西亚人（Lycian），一是狼神（Wolf-God）。[2] 吕西亚位于安纳托利亚西南部海岸，在今土耳其安塔利亚省境内。荷马史诗多次提到吕西亚人，说他们是特洛伊人的盟友。[3] 学者们从 Λυκείος 代表"吕西亚人"这一层含义入手，从词源学的角度对 Λυκείος 与 Lycian 进行了分析，得出结论认为，这两个词显然有着密切的联系，从而认为阿波罗与吕西亚也有着密切的联系。[4] 罗丝从 Λυκείος 的"狼神"这层含义推测，阿波罗原先是牧羊人崇拜的神。在阿波罗的最初职能中，他使用弓驱赶野狼和其他野兽，可能就被当作"狼神"得到了牧羊人的崇拜。[5]

Λετοίδες 意为"勒托（Leto）的儿子"，也就是说，阿波罗这个绰号是随他的母亲勒托取得的。希罗多德认为，这种随母亲取得名字的风俗是吕西亚人的一个独特之处。"他们（吕西亚人）有一个和世界上任何其他民族都不相同的风俗，那就是他们不是从父亲，而是从母亲那里取得自己的名字。如果一个人问一个吕西亚人他是谁，此人就会说他是

---

[1] Gregory Nagy, 1994, pp. 3-4, 6-7.

[2] Henry G. Liddell and Robert Scott, *A Greek-English Lexicon, with a Revised Supplement*, Oxford: Clarendon Press, 1996, p. 1064. 关于 Λυκείος 一词，曾经有学者认为最早的词根应该追溯到 -λυκ 或 -λυχ，基本含义是"光明之神"。那么 Ἀπόλλων Λυκείος 就是指阿波罗作为太阳神的一个称呼。但是如今已少有人认同这种简单的解释，因为学术界已经基本达成共识，阿波罗的太阳神职能出现得非常晚。见 W. K. C. Guthrie, 1985, pp. 82-83. 罗念生和王焕生也将这一词译成"出生自阳光的"，但又加了一个注释：或解作"狼生的"，或"出生自吕西亚的"。见《荷马史诗·伊里亚特》，罗念生、王焕生译，人民文学出版社，1994年，第80页。

[3] Homer, *Iliad*, 2. 876; 5. 470; 5. 645; 6. 168; 11. 284; 16. 437, etc.

[4] Ulrich von Wilamowitz-Moellendorff, *Greek Historical Writing and Apollo: Two Lectures Delivered Before the University of Oxford June 3 and 4,* Translated by Gilbert Murray, Oxford: Clarendon Press, 1908, p. 31.

[5] H. J. Rose, 1928, p. 136.

自己的母亲某某人之子，这样接着母系推上去。"[1] 维拉莫维茨据此认为，Λετοίδες 这一绰号就表明阿波罗源自吕西亚，并且更进一步认为勒托与吕西亚的女神勒达（Leda）实际上是同一位神。[2]

阿波罗神名和神职中的东方元素也得到了考古学证据的支持。1936年，匈牙利学者贝德日赫·赫罗兹尼（Bedřich Hrozný）公布了发现于安纳托利亚的赫梯铭文，这些铭文出现在两个相邻村庄的四个赫梯祭坛上。在这些铭文里提到的神祇中，有一个读作 *Apulunas*，是一个守门的神。尼尔森认为，这个守门的东方神，正与希腊的阿波罗行使着同样的职能。[3] 尼尔森所说的是希腊人对阿波罗·阿癸伊欧斯（Apollo Agyieus）的崇拜。阿癸伊欧斯是一根形象化的锥形柱子，希腊人在家门口立着这样的柱子，用来阻止邪魔的入侵。[4] 相信神石具有某种保护功能，这种观念在整个地中海地区都很盛行，包括地中海东部附近诸岛及沿岸诸国在内的地区，这里在青铜时代就崇拜 Rěsep 神柱。[5] Rěsep 最早是闪米特人崇拜的一个神，这个神和希腊的阿波罗具有很多相似之处。在荷马史诗中，阿波罗是康复之神，但也是瘟疫之神，对那些触怒他的人来说，阿波罗之箭就意味着瘟疫。[6] Rěsep 也是瘟神，他带来瘟疫的方式是投射火把，但是在乌伽里

---

1 Herodotus, *History*, I. 173.
2 Ulrich von Wilamowitz-Moellendorff, 1908, p. 31.
3 W. K. C. Guthrie, 1985, p. 86.
4 哈里森（J. E. Harrison）引用哈波克拉提恩的解释认为："阿癸伊欧斯是一根锥形柱子，希腊人把这种柱子立在门前。有人说是阿波罗，有人说是狄奥尼索斯，也有人说它既是阿波罗又是狄奥尼索斯。"见 J. E. Harrison, et al., *Themis: A Study of the Social Origins of Greek Religion*, Cambridge: Cambridge University press, 1912, p. 407。罗念生先生说，阿癸伊欧斯是阿波罗的别号，这个别号的意思是"街道上的保护者"。古希腊人的大门外立着一根圆锥形石柱，这个石柱就象征着阿波罗。见《阿里斯托芬喜剧二种》，罗念生译，湖南人民出版社，1981年，第75页，《马蜂》注释160。
5 Jennifer Larson, 2007, p. 87.
6 Homer, *Iliad*, 1.45−53.

特（Ugarit）和塞浦路斯（Cyprus），也被称为拿箭的Rěsep，并且，在这两个地方，他都和一头狮子同时出现。阿米克来伊（Amyklai）的阿波罗圣所可能就保存了闪米特的Rěsep在塞浦路斯的名字（A）mukal。伯克特认为，在希腊地区发现的一些青铜雕像，不仅仅代表Rěsep，也代表赫梯的保护神，这个神祇经常和牡鹿联系在一起，牡鹿也被描绘成带有弓箭的形象。在塞浦路斯人的祭仪中，有一种祭仪被称为Apollo Alasiotas，也可能是从青铜时代保存下来的称谓。[1]

第二节 阿波罗相关祭仪和节日中的东方元素

在与阿波罗相关的祭仪中，与东方密切相关的主要是净化仪式。净化仪式是希腊宗教礼仪中很重要的一类，关注净化是古风时代希腊社会的一个重要特征。净化起源于日常生活中的清扫活动，在希腊语中写作 $καθίρω$[2]，原意是清洗、清扫，用作宗教含义就是清洗罪孽、净化。[3] 净化主要有两层含义，一是在人与神的互动过程中保持自身洁净，包括人的身体和相关物质载体，甚至整个城邦；二是某些犯了罪过的个人或群体，通过某种物质性的力量来消除罪孽，求得神的谅解和宽恕。在宗教活动中，净化不仅仅是一种单一的物化过程，而且成为一种精神性的内化过程。柏拉图说："善人向神献祭，通过祈祷、献祭等方式与神交流，这是一切事务中最高尚、最优秀的，也能导致非常适宜的幸福生活。但对恶人来说，情况正相反，因为恶人有一颗不洁的灵魂，而神是纯洁的，无

---

[1] Walter Burkert, 1985, p. 145.
[2] 在一些中文著作中，这一词有时候翻译为"涤罪"。笔者认为，从希腊人的宗教实践来看，"净化"比"涤罪"的外延要广，"涤罪"只表达了"净化"一词的第二层含义。当然，就整个希腊社会的宗教活动来看，净化仪式中最主要的内容确实是涤罪。
[3] Walter Burkert, 1985, p. 76.

论是善良的人还是神都不能从一个被污染的人那里不适当地接受礼物。无论在何地，不虔诚的人向神献祭都只是浪费时间，而若是由虔诚的人献祭，那么神是乐于接受的。"[1] 虽然柏拉图是古典时期的哲学家，但是他的话语反映了希腊社会自荷马时代以来的某种传统。从柏拉图的话语中我们可以看出，净化和献祭是密不可分的。荷马史诗记载阿波罗向雅典军营降下瘟疫以后，阿伽门农向阿波罗献祭的时候就先举行了这样的净化仪式："阿特柔斯的儿子命令将士沐浴洁身，他们就沐浴洁身，把脏水倒在海里，然后向阿波罗敬献隆重的百牲大祭。"[2] 这是阿波罗与净化仪式最早的联系。这种联系在古风时代有了进一步发展，在专门献给阿波罗的节日中体现得最为明显。阿提卡的塔格里亚节是献给阿波罗的一个重要节日，这个节日分成两天，前一天就是整个城市举行净化仪式，后一天才是向阿波罗献祭。另一个节日德里亚节，也是献给阿波罗的节日，雅典人每年在这个节日中将一种圣器送到提洛岛去，在圣器离开雅典的30天里，整个雅典城都要净化，不准宰杀任何牲畜，也不准执行死刑。[3]

阿波罗与具体的个人净化仪式的联系，主要体现在"涤罪"仪式中，涤罪仪式也是净化仪式的一种。据神话传说，阿波罗出生不久就杀死了奉赫拉之命追杀他母亲勒托的大蛇皮同。尽管阿波罗是为母亲报仇而杀死皮同，但他还是需要进行涤罪，才能得到赦免，脱去凶手的罪过。于是宙斯命阿波罗来到埃吉莱亚（Aigialea），变成一名牧羊人，为国王阿德墨托斯（Admetus）放牧羊群，九年以后才回到希腊。[4] 人们之所以将阿波罗与净化、涤罪联系起来，尽管可能与这个神话传说有一定关系，但更

1　Plato, *Laws*. 716e-717a.
2　Homer, *Iliad*, 1. 313-315.
3　Plato, *Phaedon*, 58a; Xenophon, *Memorabila*, iv. 8.
4　Pausanias, *Description of Greece*, ii. 7, x. 16; Pindar, *Pythian Odes*, iv. 90ff; Hyginus, *Fabulae*, 140.

重要的是，在希腊人眼中，阿波罗具有独特的"纯洁"和"圣洁"属性。[1]

在埃斯库罗斯的《奠酒人》中，阿波罗亲自主持涤罪仪式，为俄瑞斯忒斯洗去了弑母带来的血污，并告诉俄瑞斯忒斯"这是一个专为你举行的涤罪仪式：洛克西阿斯（阿波罗的别称）会将手放在你的身上，让你从这罪孽中解脱"[2]。埃斯库罗斯的另一部悲剧《欧墨尼德斯》则详细地描述了涤罪仪式的程序："我手上的血污已经沉寂、干涸，杀害母亲的血污也已被涤净初犯罪孽，我曾在福玻斯的祭坛前，用猪做牺牲，请求清恕罪孽。"[3] 这里所说的用猪做牺牲的仪式，在巴黎卢浮宫中出自意大利阿普利亚（Apulia）钟形酒罐上就有着生动的描绘，其灵感应该是直接来自埃斯库罗斯的文本。阿波罗亲自把小猪举过坐着的俄瑞斯忒斯的头顶，然后刺穿小猪的脖子，猪血直接流过他的头上。但是随后猪血不见了，这意味着，罪责得以涤净了。

这种净化仪式与古代两河流域的洁净仪式有着非常多的相似之处，虽然我们没有直接的证据说明希腊的仪式一定来自两河流域，但是语言学的证据能够说明一定问题。表示"清洁"或"净化"的希腊语词根καθαρ-在印欧语中找不到相应的词源，但是却与净化领域的闪米特语词根qatar有关，qatar的意思是"烟熏"。硫黄就是与这一词义背景有关的清洁物质，在荷马史诗中，硫黄既有实际用途，又具仪式意义。阿卡德语中表示"肮脏、被玷污的"和"玷污、污染"的词lu''u或者luwwu，与希腊仪式中所要清洁的污垢λύματα或λύθρον的读音相似，这一点同样富有启发性。[4]

---

1 阿波罗的别号"福玻斯"的意思就是"纯净""圣洁"的意思。埃斯库罗斯、普鲁塔克以及其他作家都是如此理解这一词的内涵。他们也用这一词来指称太阳光和水的特性。在荷马史诗中，对阿波罗的称呼不仅有"阿波罗·福玻斯"，而且在有的地方还独称其为"福玻斯"。

2 Aeschylus, *Choephoroi*, 1059−1060.

3 Aeschylus, *Eumenides*, 282−283.

4 Walter Burkert, 1992, p. 57.

第三节　阿波罗相关节日中的东方元素

在献给阿波罗或者以他的名义举行的早期节日中，阿波罗一般都是作为丰产或者催熟之神。因为在古代社会，早春时节最重要的活动就是播种生产。在这些节日中，最重要也最复杂的无疑是阿提卡的塔格里亚节。

塔格里亚节是在塔格里翁月（Thargelion）的第七天举行。[1] 大致相当于现代公历的5月20日。在实际操作过程中，人们往往将塔格里翁月的第六天和第七天合起来算作塔格里亚节。按照阿提卡人和提洛岛人的传说，他们认为第六天是阿尔特弥斯的诞生日，第七天是她的孪生兄弟阿波罗的诞生日。[2] 但是在这个节日里崇奉的神祇主要是阿波罗，与阿尔特弥斯并没有多大的关系。θάργηλια一词有多种解释，首先是一种祭品，即新做的面包或者新出的水果和蔬菜，也指代装盛这种祭品的容器。[3] 赫赛齐乌斯（Hesychius）的解释是θάργηλια Ἀπόλλωνος ἑορτή θάργηλος ἡ ἱκετηρία。[4] "赫克特里亚"（ἱκετηρία）是一种"祈愿枝"，这种"祈愿枝"源自一个与忒修斯有关的故事，据说忒修斯在远征前用挂满了各种果子的橄榄枝向神祈祷，这种仪式保存下来，逐渐形成了祈愿枝的传统。[5]

在塔格里亚节的两天时间里，要进行两种不同的庆典仪式。前一天主要是净化仪式，后一天主要是献祭仪式。在塔格里翁月的第六天，整个城市居民列队受净。关于这种传统的最早记载见于公元前3世纪的伊斯

1　在阿波罗祭仪中有着特殊作用的数字7可能也源自闪米特传统，见Walter Burkert, 1985, p. 145。
2　在很多神话传说中，阿尔特弥斯和阿波罗是孪生，至于谁先出生谁后出生，则说法不一。见Hesiod, *Theogony*, 920; Apollodoros, *The Library*, i. 4; *Homeric Hymns to Apollo*, 45。
3　Athenaeus, *The Deipnosophists*, 114a.
4　转引自Lewis R. Farnell, 1907, p. 268。
5　Plutarch, *Theseus*, 22.

多斯（Istros）。他说雅典人有一习俗，"在塔格里亚节，整个城市居民列队受净，会有两个男人被逐出队伍，甚至执行死刑，作为一种净化城市的模式。这两个男人被称作'法尔马科伊'（φαρμακοί）[1]，一个代表所有的男人，一个代表所有的女人"[2]。他还说这种习俗来自一个传说，一个名叫法尔马科斯的人从阿波罗神庙中偷走了一些奠酒祭神仪式用的酒杯，抓住以后被阿喀琉斯的同伴用石头砸死了。他认为在塔格里亚节上所做的事情就是对这件事的模仿。从这个传说中推断，在雅典的两个替罪人可能真的被石头砸死了，或者假装被砸死了。间接提到这两个替罪人结局的是里西阿斯（Lysias），他说得比较含糊，他认为城市可能"通过这种特殊的仪式净化自己，庄严地将他们作为替罪人逐出城门，并将他们藏起来"[3]。

讽刺诗人希波纳科斯（Hipponax）记载了小亚细亚的以弗所（Ephesus）也举行同样的仪式。他说人们对待这两个替罪人的方式是用无花果枝条抽打他们，向他们投掷虾蛄。[4] 这种仪式的目的显然是用相对温和的方式取代了先前将替罪人真正打死的残酷方式，而选用虾蛄的原因则是这种动物经常用来举行净化仪式。

在塔格里翁月的第七天，许多谷类的果实将敬献给阿波罗，其敬献的方式也许就是所谓的"埃瑞西俄涅"（είρεσιώνη），είρεσιώνη 又称为祈愿枝，一般认为这一词起源于ἔριον，即毛线做的捆束物。但是也可能

---

[1] 单数为"法尔马科斯"（φαρμάκος），意即"替罪羊"。弗雷泽对这种"公众的替罪者"有非常精辟的论述，其中对古希腊人的替罪人也做了专门介绍。见詹姆斯·弗雷泽：《金枝》，徐育新、汪培基、张泽石译，新世界出版社，2006年，第545—548页。赫丽生在她的《希腊宗教研究导论》中对替罪人及其与此有关的仪式也做了详尽而深入的讨论，见简·艾伦·赫丽生：《希腊宗教研究导论》，谢世坚译，广西师范大学出版社，2006年，第87—103页。

[2] 转引自Lewis R. Farnell, 1907, p. 270。

[3] Lysias vi. 53.

[4] H. W. Parke, *Festivals of the Athenians*, London: Thames and Huson, 1977, p. 147.

起源于词根 εἰρ- 或 ἐρ-（speak），源自发声祈祷的人。[1] 从赫赛齐乌斯的解释中，我们可以找到塔格里亚与埃瑞西俄涅的联系。埃瑞西俄涅是一束橄榄枝或月桂枝，用紫色或白色的毛线捆起来，周围挂着这个季节出产的各种各样的果实，还有面粉糕饼、小罐蜂蜜、油和酒。这和前面所述赫克特里亚的形式和作用都极其相似。赫赛齐乌斯还说，整个塔格里翁月都是献给神的，并且在塔格里亚节日里，"所有新出的第一茬果实都要装在容器里敬献给神"[2]。弗雷泽在《金枝》中也提到塔格里亚这个节日，他认为这不是一个春天的节日，而是一个庆祝早收的节日，因为这时一些谷类和水果已经成熟了。[3]

在塔格里亚节中，阿波罗是作为能催熟所有植物的神祇而受到崇拜的。这一点与希腊文学和艺术尤其是阿提卡艺术中通常出现的阿波罗形象大有区别。一般神话认为，阿波罗曾经为国王阿德墨托斯放牧牛群，他能成为牧群的保护神是自然而然的事情。由于他出生以后生长迅速[4]，所以他与年轻人的成长有着特殊的关系也可以理解。但是，他与农业和植物的培育并没有多少联系。这一功能最初属于德墨忒尔，至少在阿提卡地区，德墨忒尔是最早作为丰产和催熟植物的神祇受到崇拜。在雅典娜来到雅典之前，可能也有为其所在地区人民保证食物的职能。[5]

阿波罗是如何取得同样职能的呢？答案可能就来自阿波罗崇拜中的东方元素。阿提卡地区的塔格里亚节所举行的农事性仪式，可能来自伊奥尼亚，而伊奥尼亚的仪式最初可能又来自小亚细亚地区。也就是说，小亚细亚地区的阿波罗保持了众多重要的功能，而在阿波罗崇拜的传播

1　Lewis R. Farnell, 1907, p. 268.

2　转引自Lewis R. Farnell, 1907, p. 268。

3　詹姆斯·弗雷泽：《金枝》，第545—547页。

4　Apollodoros, *The Library*, i. 4; *Homeric Hymns to Apollo*, 300-306.

5　H. W. Parke, 1977, p. 148.

过程中，其他一些带有小亚细亚地区特色的职能逐渐减少，带有希腊特色的职能逐渐增加，但是在阿提卡地区，由于农业生产与人们生活密切相关，所以阿波罗祭仪中的丰产和催熟职能得以保留了下来。

尽管我们可以确定希腊"东方化时代"的阿波罗崇拜有着较多的东方元素，但是正如沃尔尼克在《保利－维索瓦古典辞书》中所说，"任何想要从一个单独的起源来构建阿波罗这个有多重宗教文化元素的神祇，以及阿波罗崇拜这样一种社会历史进程，可能都会导致谬误"[1]。笔者在另外一篇文章中依据考古学和语源学的材料，重构了阿波罗崇拜中的主要成分：一种成分属于希腊北方南移民族，一种成分属于希腊原住民族，一种成分属于东方小亚细亚民族。[2] 阿波罗崇拜的发展，一定经历了相当长的时间，在这个过程中，希腊人吸纳了其他地区不同的宗教元素和各种小神祇，这些众多宗教元素和小神祇逐渐汇聚到"阿波罗"的名称之下。这一阶段至少是在阿波罗得到希腊人的普遍认可、位列奥林波斯十二主神之前。

宗教观念的传播从来就不是一个简单的问题。当一种观念、一种教导或者仪式越过文化边界时，它所发生的巨大变化在其延续性的表面下未必总是能够被发现。每种外来现象都会被误解，或者加以重新解释，使其适应现存的宗教和社会模式。因此，正如奥斯温·默里所说，我们必须记住，对信仰者来说，他的信仰的起源并不重要，重要的是信仰的合理性以及与尘世生活的关系。[3] 尽管我们说阿波罗是一个融合了多种文明元素的神祇，也可以将阿波罗崇拜某一方面的起源追溯到很远古的时代。但是，就成体系的阿波罗崇拜来说，无疑具有典型的希腊本族特色，也就是说，多种文明元素融合后的阿波罗被塑造成了一个典型的希腊本

---

1 转引自 W. K. C. Guthrie, 1985, p. 74。
2 李永斌、郭小凌：《阿波罗崇拜的起源与传播路线》，《历史研究》，2011年第3期。
3 奥斯温·默里：《早期希腊》，第78—79页。

族神。因为，在与东方文明的接触和交流之时，希腊人所汲取的，总是适应于希腊本土土壤的元素。事实上，在古典时代，不管我们在哪里见到阿波罗，他都已经是声名远扬，人们生活的各个方面都随处可见他的影子。他是辟邪之神、纯净之神、疗伤之神、预言之神。这些功能中的任何一种或几种，都有可能是他最初本质的反映，希腊人从东方（或其他地方）接受这样一个神祇，也是因为他具有这些功能中的一种或多种。经过后来的进一步净化和提升，这些功能明显具有了神圣性。在阿波罗的这些功能神圣化以后，他逐渐成为"最具希腊性的神"，他所代表的年轻、明智、节制，给了希腊文化一种特殊的气质。阿波罗崇拜形成发展过程中所体现的文化交流和融合，则在希腊人的普遍认同感中起到了非常重要的作用。

第六章
希腊与东方文明的交汇
——以阿尔米纳为中心的考察

第一节 阿尔米纳的发掘与相关研究

1936年和1937年，英国考古学家莱昂纳德·伍利爵士两次在北叙利亚奥龙特斯河（Orontes）的入海口地区发掘了一处港口遗址，并将其命名为阿尔米纳（Al Mina，阿拉伯文意为"港口"）。1938年，伍利发表了阿尔米纳的第一批和第二批考古发掘简报。[1] 伍利本身是一位东方学家，他的初衷是想要在连接地中海和美索不达米亚平原之间的奥龙特斯河口找到青铜时代的定居点，以此证明古代爱琴海地区（尤其是克里特）与东方有着密切的联系。但是从发掘出来的遗址和文物来看，并没有发现任何青铜时代的线索，伍利解释说这是因为青铜时代的建筑和遗迹已经被改道的奥龙特斯河冲到大海里去了。[2] 同时，伍利认为阿尔米纳就是古

---

1 Leonard Woolley, "The Excavations at Al Mina, Sueidia [I & II]", *The Journal of Hellenic Studies*, Vol. 58, 1938, pp. 1-30, 133-170. 在1937年的另一篇考古报告中，也涉及阿尔米纳的内容，见Leonard Woolley, "Excavations near Antioch in 1936", *The Antiquaries Journal*, Vol. 17, 1937, pp. 1-15。

2 一些学者认为这一观点站不住脚，第一是没有任何哪怕是青铜时代残留的痕迹，第二是现有的考古发现基本上构成了一个完整的证据链，没有任何种类的陶器完全遗失，可以排除更早时间的可能性。见Diane Lynn Saltz, *Greek Geometric Pottery in the East: The Chronological Implications*, Cambridge, Mass.: Harvard University Press, 1978, pp. 9-11。

代的波塞冬昂(Poseideion)。[1] 据希罗多德记载,波塞冬昂是安斐阿鲁斯之子安斐洛库斯(Amphilochus son of Amphiaraus)于特洛伊战争之后在西里西亚和叙利亚边界地区所建的城市。[2] 但是后来学术界普遍认为,古代的波塞冬昂应该不是在阿尔米纳,而是在更南边的拉斯埃尔巴塞特(Ras el Bassit)。[3] 尽管在两个重要问题上可能出现了误判,但这并不影响伍利的贡献,因为阿尔米纳本身的特点使得这一遗址在古典考古学上具有非常重要的地位。首先,这是第一个在黎凡特地区发掘出大量希腊陶器的遗址。[4] 其次,这个遗址所发现的属于几何陶时期的希腊陶器数量达到1500件,在整个黎凡特地区都是最多的。[5] 更重要的是,阿尔米纳的古希腊陶器数量占到了该遗址总陶器数量的一半,其他遗址的比例则不超过10%。[6] 这为我们打开了一扇新的大门,给学者们提供了一个探究古代希

---

[1] Leonard Woolley, 1938, pp. 28–30.

[2] Herodotos, *History*, III. 91.

[3] J. M. Cook, *The Greeks in Ionia and the East*, London: Thames and Hudson, 1962, pp. 61–65; A. J. Graham, "The Historical Interpretation of Al-Mina", *Dialogues d'Histoire Ancienne*, 1986, pp. 51–65, revised in A. J. Graham, *Collected Papers on Greek Colonization*, Leiden: Brill, 2001, pp. 68–81; John Boardman, 1990, p. 170.

[4] 因为很多陶片的情况尚未公开发表,已发掘的陶片数量难以准确统计,仅大英博物馆所藏的陶片数量就超过6000件。见R. A. Kearsley, "Greeks Overseas in the 8th Century BC: Euboeans, Al Mina and Assyrian Imperialism", in G. R. Tsetskhladze ed., *Ancient Greeks West & East*, Leiden: Brill, 1999, pp. 109–134; Jean-Paul Descoeudres, 2002, pp. 49–72。

[5] 几何陶时期的希腊陶器主要出自该遗址最底部的4层(即第10—7层)。所有已公开的希腊几何陶器至少有820件,具体馆藏情况如下:牛津大学阿什莫林博物馆的古代展厅中约有230件,铸造艺术展厅的研究室约有90件;剑桥大学古典考古艺术博物馆中约有120件;伊顿公学15件;悉尼的尼克尔森博物馆30件;伦敦考古协会5件;土耳其的安塔基亚博物馆有80件;大英博物馆包括罗伯特森(Robertson)所公开发表过的和一些尚未记录在册的,一共至少有250件。其他的则散布在利物浦或者其他地方,以及一些考古挖掘者手中。非希腊陶器则主要藏在伦敦的考古研究所,但是只以目录的形式呈现给公众,公开发表的相关研究则非常少。见John Boardman, 1990, p. 170; John Boardman, 1999a, p. 139。

[6] R. A. Kearsley, "The Greek Geometric Wares From Al Mina Levels 10-8 and Associated Pottery", *Mediterranean Archaeology*, Vol. 8, 1995, p. 71. 基尔斯利是澳大利亚麦考瑞大学的古代史学者,

(转下页注)

腊与东方文明交流互动的新路径，在此后的数十年间，学者们围绕阿尔米纳的考古发现及其所反映的各种文明交流问题展开了深入甚至是激烈的讨论。

伍利将阿尔米纳遗址划分为10层，与希腊古风时代早期相对应的文物主要出现在第10层到第7层（大约公元前800至前650年），其发掘面积大概有325平方米。这几层中保存下来的希腊陶器和非希腊陶器所占比例几乎相等。其中的希腊陶器，要么种类相同，要么风格相像，因此被确认是同一时期的产品。第10层出现的材料很少，此层已有的少量陶片和第9层的全部陶器都属于后期几何风格（约公元前750至前700年），伍利认为大部分是从希腊岛屿进口而来，但是毫无疑问其中也有一些本土材质的产品。[1] 第8层（约公元前700至前675年）的陶器风格与之前相比发生了完全的改变，除了少数希腊后期几何陶碎片，其他的几乎完全属于塞浦路斯铁器时代的风格，伍利认为这些器具要么是从塞浦路斯进口来的，要么就是跟塞浦路斯风格极其相似的当地材质的产品，以至于有时很难去判定其起源地。这说明在这一时期希腊人和塞浦路斯人或当地人之间可能存在一个势力此消彼长的过程。在第7层（约公元前675至前650年）中，塞浦路斯风格逐渐消失，希腊后期几何风格再现。伍利认为，在这一时期末，至少这两种风格的器皿数量几乎旗鼓相当。[2] 值得注意的是，第7层的希腊后期几何风格的陶器大部分来自罗德岛，第10层与第9层的则极有可能来自优卑亚岛。伍利的这些判断，尤其是关于第8层的塞浦路

（接上页注）

她根据阿尔米纳出土的陶器进一步推断，阿尔米纳在铁器时代的第一批造访者是希腊人。其他近东遗址，如塞浦路斯的阿马萨斯（Amathus）、腓尼基城市推罗、泰尔苏卡斯（Tell Sukas）和塔尔苏斯，在希腊人到达之前就有本土居民，而阿尔米纳在公元前8世纪希腊陶器出现之前，没有发现任何人的生活遗迹。见R. A. Kearsley, 1995, p. 72。

1　Leonard Woolley, 1937, p. 10.
2　Leonard Woolley, 1938, p. 16.

斯风格陶器和那些特殊碎片的观察，激发了学术界的热烈讨论。

阿尔米纳的发现者伍利虽然认为这是一个始于青铜时代的居住点，但是从已发现的文物来看，最早的时间应该在公元前8世纪中期。[1] 曾任大英博物馆希腊罗马部主管助理，专门负责为阿尔米纳出土文物编目的马丁·罗伯特森的观点与伍利相近，也将最早的时间定为公元前8世纪中期，但是这二位仍然有细微的分歧，伍利倾向于比公元前8世纪中期稍偏早，罗伯特森则倾向于偏晚。[2] 后来的研究者基本上都以公元前8世纪中期作为阿尔米纳的建立时间[3]，并在此基础上进行历史解释。

很多学者认为，阿尔米纳是一个希腊人自己建立的定居点或者殖民地。这一观点的主要依据是考古学家对陶器的分析。从最底层开始，一直到最上层，这里出土的很多陶器是纯粹希腊风格的，这些陶器有些是从希腊进口的，还有一些是当地生产的，但是制陶工人很可能来自希腊。尽管这些陶器也和东方的陶器混在一起，但不管是绝对数量还是相对比例都远高于东方的陶器。这里出土的希腊陶器虽然在器形上比较多样，但是功能方面却比较单一，主要是饮酒器，而东方人并没有使用这种饮酒器的生活习惯，这说明有希腊人长期居住在这里。[4] 在该遗址的上层（第

1　Leonard Woolley, 1938, p. 16.

2　Martin Robertson, "The Excavations at al Mina, Suweidia. IV. The Early Greek Vases", *The Journal of Hellenic Studies*, Vol. 60, 1940, pp. 1–21.

3　关于阿尔米纳的建立时间，还有一些其他观点，如公元前825年前后（见Plat Taylor, "The Cypriot and Syrian Pottery from Al Mina, Syria", *Iraq*, Vol. 21, 1959, pp. 62–92）；公元前800年前后（见Sidney Smith, "The Greek Trade at Al Mina: A Footnote to Oriental History", *Antiquaries Journal*, Vol. 22, 1942, pp. 87–112; M. A. Hanfmann, "On Some Eastern Greek Wares found at Tarsus", in Saul. S. Weinberg ed., *The Aegean and the Near East. Studies presented to Hetty Goldman*, New York: J. J. Augustin, 1956, p. 175; W. Culican, *The First Merchant Venturers: The Ancient Levant in History and Commerce*, London: Thames and Hudson, p. 91; J. Y. Perreault, "Les débuts de la présence effective des Grecs sur la côte syro-palestinienne à l'âge du fer", in *Ο Ελληνισμος στην Αγατολή* [International Meeting of History and Archaeology], 1991, pp. 393–406）；公元前770至前750年之间（见R. A. Kearsley, 1995, pp. 7–78; John Boardman, 1999a, p. 153, Jean-Paul Descoeudres, 2002, p. 51）。

4　Jean-Paul Descoeudres, 2002, p. 52.

7至2层）发现了一些希腊铭文和刻画图案，这说明稍后的时期有希腊人长期居住在这里。伍利根据该遗址整体风格没有发生巨大变化的特点，将希腊人在这里定居的时间回溯到阿尔米纳初建时期。[1]

牛津大学古希腊殖民问题研究专家敦巴宾将阿尔米纳放在整个希腊殖民运动的历史中考察，他认为阿尔米纳是希腊人的一个殖民地，在各种意义上都与希腊人在意大利和西西里的殖民地没有什么区别。[2]在此基础上，他进一步论证说，在阿尔米纳第9层（第10层可能也有）大量出现的双耳深口酒杯（σκύφοι）并没有出现在地中海西部最早的希腊殖民地皮特库萨等地，因此阿尔米纳的建立应该比西部最早的殖民地稍晚一点，大致应该在公元前750年前后。[3]这一观点得到了牛津大学杰出的古希腊艺术史家博德曼的支持[4]，但是考古学家于21世纪初又在皮特库萨发现了这种双耳深口酒杯，证明了敦巴宾的证据并不准确。[5]但是他所界定的时间却与大多数学者所认可的时间基本吻合。

随着阿尔米纳遗址出土文物的研究成果进一步公开发表，阿尔米纳本身所具有的本地特色逐渐明朗，学者们也开始修正阿尔米纳是一个纯粹的希腊城市或希腊殖民地的观点。一些学者提出，阿尔米纳本质上是黎凡特的一个港口，但是与爱琴海地区有着频繁的贸易往来。这里出现的大量希腊陶器，实际上是一些希腊商人或者腓尼基水手携带来的。这一观点的主要代表人物是宾夕法尼亚大学古典学者格拉汉姆。1986年，格拉汉姆在《阿尔米纳的历史解释》一文中认为，阿尔米纳并不是一个希腊城市，而是一个黎凡特城市，极有可能是腓尼基人建立的。他认为，

1　Leonard Woolley, 1938, pp. 18–30.

2　T. J. Dunbabin, *The Greeks and Their Eastern Neighbours: Studies in the Relations between Greece and the Countries of the Near East in the Eighth and Seventh Centuries BC*, London: Society for the Promotion of Hellenic Studies, 1957, p. 25.

3　T. J. Dunbabin, 1957, p. 100.

4　John Boardman, 1999a, p. 153.

5　Jean-Paul Descoeudres, 2002, p. 51.

学者们将阿尔米纳认定为希腊城市所依据的大量陶器，不能作为希腊人定居点的证据，最多只能是贸易的证据。因此，阿尔米纳只不过是希腊人在东地中海地区与东方接触的众多地点之一而已，并没有什么特殊的历史重要性。[1]

但是，格拉汉姆可能过于极端了，以至于博德曼批评他似乎更希望阿尔米纳"消失"。博德曼认为格拉汉姆是一位将古代历史仅仅看作是现存文本的注解的历史学家，这类历史学家只有在考古与文本一致时，才会承认考古学。当直接记载的文本缺失之时，格拉汉姆就只抓住那些大体上达成一致的观点（即当前学术界更倾向于狭义地认为阿尔米纳不是一个"殖民地"）和那些完全达成一致的观点（即阿尔米纳不是波塞冬昂）。格拉汉姆虽然也关心地层学和年代学，不过他认为这种方法尽管应用广泛，但没有足够重要到影响历史的程度；他坚决质疑阿尔米纳的陶器来自优卑亚，尽管传统的和科学的考古分析方法都得出此结论；他忽视了来自阿尔米纳遗址与来自拉斯埃尔巴塞特或泰尔苏卡斯的考古证据的深刻影响。因此，从考古学角度和历史学角度看，格拉汉姆完全高估了腓尼基人出现在北叙利亚及其内陆地区的价值。[2]

尽管博德曼批评了格拉汉姆的论证，但是他自己也修正了先前的观点。在1990年发表的《阿尔米纳与历史》一文中，他所依据的材料和一些细节分析并没有变化，比如阿尔米纳出土的大量饮酒器一定是希腊人所使用的。但是关于阿尔米纳的性质，他已经谨慎地避免使用"殖民地"一词，而是更倾向于贸易占领地（*emporion*）或者贸易点（trading post），但是他认为，总体来说这些词汇仍然意味着希腊人的出现。[3]如果希腊陶

---

1 A. J. Graham, 2001, p. 81.
2 John Boardman, 1990, p. 185.
3 John Boardman, 1990, p. 170. 希腊人出现在此地的推测也得到了古代文献的证明。如公元前730年，小亚细亚的亚述总督向国王报告，有希腊人在攻击当地的腓尼基城镇，见John Boardman, et al. eds., 1982, pp. 14—15。

器对东方人来说并没有什么实用的价值，那么猜想阿尔米纳有希腊人长期居住并将此地用作交易市场，就再自然不过了。甚至小范围希腊人的出现都可能会留下他们自己生活所用的陶器。[1]

进一步的问题是，希腊人究竟是何种意义的"出现"呢？美国威斯康星大学密尔沃基分校考古学家瓦尔德鲍姆于1997年发表了《希腊人在东方还是希腊人与东方：关于"出现"的定义和识别问题》一文，他认为希腊人在东方的出现并非大规模的，相对当地人口来说仍然属于少数。但是即便是这些少数人，他们对于希腊与东方的贸易和文化交流也起到了十分重要的作用，他们架起了沟通古老东方文明与爱琴文明之间的桥梁。因此，从某种程度上说，"希腊人在东方"是少数人的行动，但是"希腊人与东方"的文化联系却有着重要的历史意义。[2]

第二节　希腊文明与东方文明在阿尔米纳的交汇

21世纪以来，学术界对于阿尔米纳作为一个贸易点的性质已经基本没有什么异议。在此基础上，一些学者从理论层面系统阐述了阿尔米纳作为一个贸易港口的历史地位。2003年，乔安娜·卢克出版了她在剑桥大学完成的博士论文《贸易港口，阿尔米纳与黎凡特的希腊几何陶器》，她依据卡尔·波拉尼的"贸易港口"理论[3]，认为阿尔米纳作为一个中立

1　John Boardman, 1990, p. 183.

2　Jane C. Waldbaum, "Greeks *in* the East or Greeks *and* the East? Problems in the Definition and Recognition of Presence", *Bulletin of the American Schools of Oriental Research*, No. 305, 1997, pp. 1–17.

3　贸易港口（Port of Trade）这一术语描述的是一种特殊的经济机构，即两个或者多个不同的经济组织体系之间的一种政治上中立的检查点或交换点。1963年，波拉尼首次将这一术语运用到古代社会研究领域。见Karl Polanyi, "Ports of Trade in Early Societies", *The Journal of Economic History*, Vol. 23, No. 1, 1963, pp. 30–45。

的贸易港口，有一个制度化的过程。从公元前9世纪起，阿尔米纳背后的内陆地区成为一个新阿拉米亚人王国温奇（Unqi）的主要领土，这个王国一直保持某种程度的自治，直到公元前738年被亚述国王提格拉特帕拉沙尔三世（Tiglath-Pileser III）吞并，成为亚述帝国的一个行省。亚述帝国控制温奇王国以后，其政治势力也延伸到阿尔米纳。但是从目前的史料来看，亚述帝国并未对阿尔米纳实行有效的绝对控制。阿尔米纳特殊的地理位置决定了其政治地位：地处亚述、巴比伦尼亚、希腊三方势力的交汇处，而这个交汇地点又是一个基本无险可据的港口，并不具备多少军事意义，所以这三方势力又基本是一种和平竞争的状态。因此，阿尔米纳成为三方的缓冲地和中立的商品交易港口。阿尔米纳出土的大量希腊陶器证明了希腊人在这里长期居住，后来逐渐发现的东方产品也证明了腓尼基人在此地的活动。此外，希腊几何陶器广泛发现于附近的其他地区，如泰尔阿菲斯（Tell Afis）、拉斯埃尔巴塞特、泰尔苏卡斯、哈马（Hama），在腓尼基、以色列、巴比伦尼亚的广大地区也发现了希腊几何陶器。这些都证明了希腊人在近东活动以及阿尔米纳作为一个重要贸易点的可能性。[1]

在2017年出版的一部论文集中，土耳其乌鲁达大学青年学者亚历山大·瓦采克发表了《阿尔米纳与贸易模式的改变：来自东地中海的证据》一文。通过比较新的数据信息，他认为阿尔米纳出土的希腊陶器表明，在整个公元前8世纪，优卑亚的陶器数量占绝对多数，这说明了以优卑亚为代表的希腊人与活跃在小亚细亚一带的腓尼基人有着频繁而密切的商贸往来。这种情况在公元前7世纪发生了显著的变化，优卑亚的陶器逐渐减少，最终在公元前670年前后几乎完全消失，而伊奥尼亚地区的陶器则

---

[1] Joanna Luke, *Ports of Trade, Al Mina and Geometric Greek Pottery in the Levant*, Oxford: Archaeopress Publishing, 2003, pp. 31-44.

显著增加，因此可以推断是后者将前者挤出了市场。这种情况说明伊奥尼亚地区的城市在海外贸易中的参与度越来越高。他进一步论证说，这可能意味着伊奥尼亚城市成了北爱琴海地区和黎凡特地区的贸易中转地，出现这种情况的原因可能是亚述帝国势力的扩张，降低了腓尼基人在塞浦路斯和北叙利亚的影响力。[1]

值得注意的是，21世纪以来的相关研究，不仅总结了此前几十年考古发掘和研究的成果，而且更加注重考古资料与传世文献（尤其是古典学者较少关注的古代近东文献）的结合，通过二者的相互印证得出更加令人信服的结论。这也反映了古希腊史研究领域的一种新趋势。

关于阿尔米纳的性质的争论，实际上是因为学者们对于古希腊人的殖民活动有不同的定义和理解而造成的。一些学者将殖民活动狭义地定义为希腊人有组织地迁移到其他地方，为了争夺土地和资源而建立新的政治共同体，并且强调"殖民地的希腊人保持了文化上的纯粹性"，不会与当地居民发生融合。[2] 然而，通过考察希腊人在地中海西部的殖民地建立情况，奥斯邦给出了不同的看法，他认为：希腊人在海外最早的定居点很可能是由那些富有冒险精神的私人所建立的，并且从建成到发展的整个周期很长，建立者的成员们来自希腊不同的地方。[3] 笔者认为，奥斯邦对西部希腊人的分析同样适用于希腊人在近东地区的活动。希腊人建立的这些定居点在后来的发展过程中逐渐分化或者融合，有的重要性

1　Alexander Vacek, "Al Mina and Changing Patterns of Trade: the Evidence from the Eastern Mediterranean", in Xenia Charalambidou and Catherine Morgan eds., *Interpreting the Seventh Century BC: Tradition and Innovation*, Oxford: Archaeopress Publishing, 2017, pp. 47-59.

2　T. J. Dunbabin, *The Western Greeks: the History of Sicily and South Italy from the Foundation of the Greek Colonies to 480 B. C.*, Oxford: Clarendon Press, 1999, p. vi. 虽然敦巴宾是以西部希腊人为例来说明希腊殖民地的这一特征，但这是他一贯坚持的观点，在他的诸多著作中都有类似表达。

3　Robin Osborne, "Early Greek Colonization? The Nature of Greek Settlement in the West", in Nick Fisher and Hans van Wees eds., *Archaic Greece: New Approaches and New Evidence*, London: Duckworth with The Classical Press of Wales, pp. 251-269.

逐渐降低甚至消失，有的则成为某一希腊本土城邦移民占主导地位的殖民城市。阿尔米纳则发展成为一种特殊的贸易港口。英国谢菲尔德大学考古学家基思·布兰尼甘（Keith Branigan）则将殖民地分成不同的类型，分别是定居殖民地（settlement colony）、统治殖民地（governed colony）和社区殖民地（community colony）。其中，社区殖民地的特征是本土和移民相混合。外国移民形成了自己的社区，保持了他们自己的宗教习俗，尤其是墓葬习俗，但是他们居住的房屋在设计和建造方面本质上是本土的，尽管也能够反映一些移民的特征。[1] 德国海德堡大学考古学家尼迈耶认为，阿尔米纳就属于这种社区殖民地，本质上是一个腓尼基人或者阿拉米亚人的城市，希腊人在某一阶段在这里形成了自己的社区。[2]

阿尔米纳属于希腊人这种海外活动中建立的贸易据点之一。但是阿尔米纳与希腊人在地中海西部地区的殖民地有着重要区别。第一，阿尔米纳的自然条件可以说比较恶劣，甚至不宜居住，因此在这里建造城镇的目的基本可以肯定是出于商贸性的据点，而不太可能是打算世代居住的殖民地。第二，因为这里是强大的亚述帝国的势力范围，所以阿尔米纳最终没有形成一个希腊人所独有的殖民城市，而是成了一个各方势力的妥协和缓冲之地，并且制度化为一个中立的"贸易港口"。

从阿尔米纳这个典型港口城市发现的考古材料，结合相应的古代文献（尽管数量较少），我们可以得出一个基本结论：在公元前8世纪前后，希腊人来到了北叙利亚地区，他们以阿尔米纳等贸易港口为据点，与活跃在这一地区的腓尼基人、亚述人、巴比伦人进行广泛的商贸活动，

---

1 Keith Branigan, "Minoan Community Colonies in the Aegean", in R. Hägg and N. Marinatos eds., *The Minoan Thalassocracy: Myth and Reality. Proceedings of the Third International Symposium at the Swedish Institute in Athens, 31 May–5 June 1982,* Stockholm: Svenska Institutet I Athen, 1984, pp. 49–52.

2 Wolf-Dietrich Niemeier, "Archaic Greeks in the Orient: Textual and Archaeological Evidence", *Bulletin of the American Schools of Oriental Research*, No. 322, 2001, pp. 11–32.

同时也接触了古代东方的诸多伟大文明成就，他们学习了东方的技术和艺术，吸纳了东方的神话传说，接受了腓尼基人的字母和文字，并通过自己的创造天赋将其改造，从而使得希腊本土在借鉴这些优秀文明成果的基础上获得了一个飞跃性的发展。当然，文明的交流并不是单向的，而是一个复杂的交互过程。东方文明的传播既有希腊人主动学习的成分，也有东方人（如腓尼基人）主动传播的成分；希腊人在学习东方文明的同时，也将希腊的物质文明带到了东方的地域（如阿尔米纳）；希腊物质文明向东方的传播，也有东方人在希腊本土或者东方的商贸活动中进行主动吸纳的成分。

我们还应该看到，东方的影响并不是从根本上改变了希腊文明发展的方向和道路，而是促进了希腊文明向着已有的趋势加快了发展。在东方文明的影响下，迈锡尼时代和荷马时代以来希腊社会的缓慢发展，在古风时代早期突然加快了步伐，这种加速发展的集中体现就是城邦的兴起。正如斯诺德格拉斯所言："到公元前7世纪，塑造希腊文明的决定性步骤已经完成。城邦成为希腊社会的基础，成为希腊世界普遍接受的生活方式，希腊人在这样一个社会中持续创造了诸多文明成就，为后来古典时代的文明高峰奠定了基础。"[1]

1　A. M. Snodgrass, 1980, p. 85.

第七章
古希腊"东方化革命"的现代想象

20世纪70年代以来,学术界掀起了一股东方学研究的热潮。这股热潮在世界古代史研究领域也迅速发生反应,有学者提出古希腊"东方化革命"的命题,认为公元前750至前650年这一时期,埃及、黎凡特、美索不达米亚等东方文明给予希腊文明以革命性的影响,根本上改变并决定了希腊文明的基本面貌。笔者通过对具体史料的分析和对"东方""东方化""东方化时代"以及"东方化革命"等一系列概念的考量,得出的基本结论是:希腊历史上的"东方化",是确实发生过的历史现象,但是其范围主要局限在艺术领域;文学、宗教、文字、语言等领域有一定程度的"东方化"。艺术上的"东方化"并没有引起希腊社会的结构性变化,因而"革命"无从谈起。"东方化革命"是对艺术史上"东方化时代"的扩大化理解,更深层次背景则是古典学与东方学、古典主义与东方主义在现代政治语境中碰撞的结果,这种想象性构造在学术层面的表现则是激进化和简单化。

第一节 "东方化革命"的提出及学界的阐释

希腊"东方化革命"这一概念最早见于1990年,英国古代艺术史家和考古学家博德曼在《阿尔米纳与历史》一文中使用了Orientalizing Revolution这一术语。他在该文中指出："希腊物质文化的东方化始于公元前900年前后，开始是零星的工匠移民和物件的引入。希腊大陆上真正的东方化革命，是公元前8世纪的一种现象，由北叙利亚及其他地方——而非（通常认为的）腓尼基——之技术和产物的出现而产生，东方化革命影响广泛而深远。"[1] 博德曼此文的主要目的是补充关于阿尔米纳考古发现的新成果，以此说明阿尔米纳在东西交通中的地位高于腓尼基，顺便探讨阿尔米纳这一交通要道在希腊物质文化的东方化革命中所起的巨大作用。但他没有意识到"东方化革命"这一概念会在此后的学术界引起如此强烈的反响和争论，因此也没有对"东方化革命"的内涵和外延进行阐释。

真正使这一概念广为人知的是伯克特，他于1992年修订自己的德文著作《希腊宗教与文学中的东方化时期》[2] 并与玛格丽特·E. 品德尔合作将该书译为英文时，直接采用了这一术语并将其作为英译本的书名，即《东方化革命：古风时代前期近东对古希腊文化的影响》。[3] 实际上，英译本《东方化革命》是一部标题大胆、行文谨慎的作品，伯克特并没有在"东方化革命"这个概念上过多纠缠，主要还是以翔实的史料对具体文化事项加以细致考证，如迁移的工匠、东方传往西方的巫术和医学、阿卡德文学和早期希腊文学的关系等。在全书正文中，并没有提到"东方化革命"这一术语。只在"导论"与"结语"中简单地提了三句："导论"

1　John Boardman, 1990, pp. 169–190.
2　该书德文版出版于1984年，标题为《希腊宗教与文学中的东方化时期》；英文版出版于1992年，标题为 *The Orientalizing Revolution: Near Eastern Influence on Greek Culture in the Early Archaic Age*，伯克特与玛格丽特·E. 品德尔（Margaret E. Pinder）合作将该书译为英文时，才采用了"东方化革命"的标题。
3　伯克特在其英文版"导论"的注释中特别指出，Orientalizing Revolution这一术语最早出自博德曼1990年的著作。见Walter Burkert, 1992, p. 156 note 17.

最后一句介绍性地说,"希腊文明的形成期正是它经历东方化革命的时代"[1];"结语"则总结式地说,"随着青铜浮雕、纺织品、印章和其他产品的输入,一幅完整的东方画卷展现在希腊人面前,希腊人在一个'东方化革命'的过程中如饥似渴地对其加以吸收和改造"[2]。对于"东方化革命"本身的含义,伯克特也没有进行定义式的阐释,只在一般意义上说明了这样一个时期的变革在文化发展方面的意义:"文化不是一株孤立地从种子里长出的植物,而是一个伴随着实际需求和利益、在好奇心驱使下不断学习的过程。愿意从'他者'、奇异的和外来的事物中获取养分,尤能促进文化发展;像东方化革命时期这样的变革阶段恰恰为文化发展提供了机遇,'希腊奇迹'不仅是独特天赋所产生的结果,还在于希腊人在西方民族中最靠近东方这一简单的事实。"[3]以上几处引文都不见于德文原文,而是在修订和英译过程中所添加的内容,伯克特本人也没有就此展开论述。[4]换言之,作者由于自己在书中所列举的希腊人大量文化借用的事实而认为"革命"似乎是不言而喻的。

尽管伯克特没有对"东方化革命"这一概念进行论述,但还是引起了巨大反响。[5] 1994年,卡罗尔·托马斯在《美国历史评论》上发表关于

---

[1] Walter Burkert, 1992, p. 8.

[2] Walter Burkert, 1992, p. 128.

[3] Walter Burkert, 1992, p. 129.

[4] 德文版的导论删除了英文版的最后两段;德文版也没有结语,英文版的结语将德文版第三章第七节最后段落列出来,扩展成一个两页的结语,因此,德文版的最后一句与英文版的最后一句相同(Hellas nicht Hesperien= Hellas is not Hesperia=希腊并非"西方之国")。见Walter Burkert, *Die Orientalisierende Epoche in der griechischen Religion und Literatur*, Heidelberg: C. Winter, 1984, pp. 7-14, 114-118。

[5] 实际上,该书的德文版就已经引起了学术界的关注和讨论,见Günter Neumann, "Die orientalisierende Epoche in der griechischen Religion und Literatur by Walter Burkert" (Review), *Zeitschrift für vergleichende Sprachforschung*, 98. Bd., 2. H. 1985, pp. 304-306; P. Walcot, "Die orientalisierende Epoche in der griechischen Religion und Literatur by Walter Burkert" (Review), *The Classical Review*, New Series, Vol. 36, No. 1, 1986, p. 151; M. L. West, "Die orientalisierende Epoche in der griechischen Religion und Literatur by W. Burkert" (Review), *The Journal of Hellenic Studies*, Vol. 106, 1986, pp. 233-234。

《东方化革命》的书评。他充分肯定了伯克特严谨、出色的研究，认为伯克特"在没有否认自身天赋作用的同时，展示了这样一种希腊奇迹是在其他文明广泛的影响下成长起来的事实。尽管我们对他所认为是从其他文化借用来的某些特定实例仍然存疑，但是在伯克特修订德文版作品的严谨学术活动中，他已经在自己创建的体系中为我们建构了一座桥梁，使我们得以从不同角度去理解这一问题"[1]。尤其值得注意的是，托马斯看到了伯克特刻意强调希腊文明的东方背景，突出了希腊文明对"东方"文明的全面吸收与改造，意欲凸显希腊文明自身的优越性与包容力。同年7月，萨拉·门德尔也发表了一篇书评，认为《东方化革命》是论述希波战争之前东方世界和西方希腊文化交互作用的作品之一，这些作品还限于较小范围，但是正在迅速增长。[2]她同样是着眼于伯克特对不同文化间相互影响的研究，而没有强调"东方化革命"这一概念。

1996年，贝尔纳撰写了关于《东方化革命》的长篇书评，他认为这部作品的内容"比其中庸的标题所展示的要更为激进"[3]。贝尔纳认为，伯克特极力主张东方对希腊的影响主要来自黎凡特和美索不达米亚，而非安纳托利亚，并且这种影响不仅仅像一些保守正统的学者所认为的那样限于艺术风格和字母。贝尔纳自己本身的风格就是"标题新奇、观点激进"，以其《黑色雅典娜》[4]中的激进观点而著名，并招致尖锐批评，自己

---

[1] Carol G. Thomas, "The Orientalizing Revolution: Near Eastern Influence on Greek Culture in the Early Archaic Age by Walter Burker" (Review), *The American Historical Review*, Vol. 99, No. 1, 1994, pp. 202-203.

[2] Sara Mandell, "The Orientalizing Revolution: Near Eastern Influence on Greek Culture in the Early Archaic Age by Walter Burkert" (Review), *The Classical World*, Vol. 87, No. 6, 1994, p. 517.

[3] Martin Bernal, "The Orientalizing Revolution: Near Eastern Influence on Greek Culture in the Early Archaic Age by Walter Burkert" (Review), *Arion*, 3rd Series, Vol. 4, No. 2, 1996, pp. 137-147. 笔者前文的意见"标题大胆、行文谨慎"与马丁·贝尔纳的观点正好相反。对《东方化革命》一书风格的界定，正是理解学术界对"东方化革命"这一术语特性界定之关键所在，下文将详加论述。

[4] Martin Bernal, 1987, 1991, 2006.

与学术界同行进行激烈辩论之时[1]，不免有在伯克特这里找到知音之感。因为实际上，贝尔纳是以自己的后殖民主义话语体系来考量伯克特的论述，他体大精深的《黑色雅典娜》在古典文明研究领域确有创新之功，其基本观点与伯克特的"革命"是同气相求的。

　　当然，伯克特与贝尔纳的看法并非完全一致。他认为文明的发展并非遵循简单线性的因果论路线，多种文明间的交往是一种互动推进式的开放演进，单纯考察文明的影响是远远不够的，必须关注其内部与外部的互动与交流，因此他倾向于强调希腊文明产生时期的希腊社会本身，而将东方的影响作为背景来看待，因此将"东方化革命"的时间限定在公元前8世纪至前7世纪，范畴限定在具体文化事项方面。而贝尔纳并不同意这一点，他在另一部作品中批驳伯克特道，"这个世纪或者其他任何世纪，都没发生过东方化革命"[2]。当然，贝尔纳的真实观点并不是否定"东方化"的存在，而是认为希腊一直处在东方化过程之中而非只经历了有限的一段革命。他的理由是：没有任何一个阶段存在一个"纯正的"希腊，正如任何一个阶段都不存在"纯正的"黎凡特或"纯正的"埃及一样。任何试图标明闪米特和埃及对本土希腊影响的起始时间的努力都是根本不可能的，正如标明希腊对罗马的影响一样。希腊化或希腊本身不可能锁定在任何一个特定的阶段与空间之内——只可能将其视为一种风格或模式的延续，在这种模式下，希腊本土文化的发展与外来文化的介入相互交织或混杂在一起。

　　中国学界在20世纪90年代末开始关注古代近东文明对希腊文明的影响。一些教材类著作涉及这一课题，一些研究生也在学位论文中选择了

---

1 关于《黑色雅典娜》的批评与辩论，见Stanley M. Burstein, "The Debate over Black Athena", *Scholia*, Vol.5, 1996, pp. 3–16; Mary R. Lefkowitz and G. M. Rogers eds., *Black Athena Revisited*, Chapel Hill: University of North Carolina Press, 1996; Martin Bernal, 2001。

2 Martin Bernal, 2001, p. 317.

这一题材。近年来，一些具有国际学术视野的学者在这一领域进行了更为深入的思考和探究。[1] 2009年，复旦大学思想史研究中心出版了专辑《希腊与东方》[2]，收录了布鲁诺·斯奈尔的《〈精神的发现〉导论》(*Die Entdeckung des Geistes: Studien zur Entstehung des eurpäischen Denkens bei den Griechen*)、贝尔纳的《黑色雅典娜》"导论"、马丁·韦斯特的《希腊罗马文学中的近东素材》(*Near Eastern Material in Hellenistic and Roman Literature*)等作品，系统地介绍了西方学界关于历史中的希腊与东方关系的再审视。黄洋在《希腊史研究入门》一书中也介绍了伯克特作品的发表和修订情况以及基本内容，认为"第一个对希腊文化纯洁性进行深刻反思的是著名瑞士古典学家伯克特……他首次全面论述了'东方'文化对古风时代早期希腊文化的影响"[3]。

对"东方化革命"这一概念做了进一步阐释的则是阮炜。他在《东方化革命》中译本"导读"中将伯克特的论点总结为，"东方文化的输入极大提升了希腊的文明水平，使其得到'跨越式'发展。希腊人对古代东方文明的汲取如此之深，如此之广，完全可以说此时希腊发生了一场'东方化革命'"[4] 他基于希腊地理位置的特点，得出自己的结论："正是由于希腊'蜷藏在滔滔大海和小亚细亚崎岖山峦背后的偏远角落'[5]，它才得

---

1 主要作品有：陈恒：《略论古希腊文明中的东方因素》，《上海师范大学学报》(哲学社会科学版)，2004年第1期；黄洋：《古代希腊罗马文明的"东方"想像》，《历史研究》，2006年第1期；黄洋：《古典希腊理想化：作为一种文化现象的Hellenism》，《中国社会科学》，2009年第2期。
2 复旦大学思想史研究中心主编：《希腊与东方》，《思想史研究》(第六辑)，上海人民出版社，2009年。
3 黄洋、晏绍祥：《希腊史研究入门》，第189页。
4 瓦尔特·伯克特：《东方化革命：古风时代前期近东对古希腊文化的影响》，"导读"第2页。
5 原文注释为Chester G. Starr, 1961, pp. 194-195, 199, 200-201, 及全书各处。斯塔尔的英文原文(第194—195页)为：Tucked off in an obscure corner behind the seas and the forbidding mass of Asia Minor, the Greeks of the eighth and seven centuries were able to develop their own political institutions almost without foreign influence. 笔者认为，将Tucked off翻译为"蜷藏"，带有明显的曲解和误读意味。

以既保持政治独立,同时又能方便地从东方'拿来',有选择地利用东方文明的一切成果。"[1]在此基础上,他对伯克特的原意做了一些更为激进的阐释,并将东方文明对希腊的影响拔高到"原生文明"与"次生文明"的角度:"其实希腊之能方便地'拿来',同时又无被吞并之虞,也凸显了这么一个基本事实:希腊文明并不是一个原生文明,而是建立在多个原生文明——主要是埃及和两河流域的古文明——基础上的一个后发或次生文明,一个大约在公元前7至前6世纪经历了'东方化'或'东方化革命'的文明。"[2]阮炜的论述明显带有中国学者作为"东方"学者之一员的情感因素,甚至隐约有那么一点"东方优越感"或"中心文明优越感"。[3]他的结论并不是建立在以原始史料为基础的考证与分析之上,而是将一种"口号"式的术语,从西方学者的著作中拿来,甚至加以进一步的演绎发挥。

这里还有一个有趣的现象值得一提。"东方化革命"在西方学术界被热烈讨论了二十来年,却没有任何一位西方学者对这一概念有过完整清晰的界定。究其原因,多半是因为参与讨论的学者长于史实推考而不擅

---

[1] 瓦尔特·伯克特:《东方化革命:古风时代前期近东对古希腊文化的影响》,"导读"第2—3页。
[2] 瓦尔特·伯克特:《东方化革命:古风时代前期近东对古希腊文化的影响》,"导读"第3页。此段引文中的"公元前7至前6世纪"应为作者之误。关于希腊"东方化时代"或"东方化革命"的时间段,学术界通常界定为约公元前750年至前650年,即约公元前8世纪至前7世纪。见 Walter Burkert, 1992, p. 6; 奥斯温·默里:《早期希腊》,第74页。
[3] 这一点在作者的其他论述中体现得很明显,如在《东方化革命》中译本"导读"中说:"用通俗的话说,在与埃及和两河流域文明的关系上,希腊文明是一个子代文明,或者说埃及和两河流域文明是希腊的亲代文明。这就意味着,作为希腊(及叙利亚)文明的继承者,伊斯兰、东正教和基督教西方文明是埃及、两河流域文明的孙代文明。在此意义上,希腊与埃及、两河流域文明的关系跟日本、朝鲜与中国文明的关系相似,跟东南亚与印度、中国文明的关系相似,跟9到10世纪时的东斯拉夫人与拜占庭文明的关系相似,跟7世纪前阿拉伯半岛同两河流域、叙利亚文明的关系也相似。事实上,在相当长一段时期内,希腊与埃及、西亚的关系是一种边缘与中心的关系,是一种发展中世界与发达世界的关系。"瓦尔特·伯克特:《东方化革命:古风时代前期近东对古希腊文化的影响》,"导读"第4页。

理论概括，似乎认为只要列出有限的考古学和其他学科的史料证据，便能自然而然地对这场"东方化革命"予以足够的证明，而无须再做定性分析。

第二节 东方化—东方化时代—东方化革命

人类在认识过程中，从感性认识上升到理性认识，把所感知事物的共同本质特点抽象出来，加以概括，就成为概念。概念是反映对象本质属性的思维形式。学术研究的目的是为了归纳概括，为了这一目的往往需要创造一些特定的概念作为标识，这个标识应该能够较为准确地涵盖历史事项本身的基本特征。为了论述的方便以及一致性，也可以使用一些现代的词汇作为"约定俗成"的概念，这也是学术研究的需要，因为不同时代的人只能用自己时代的术语来表述特定的事物。"东方化革命"正是一个以现代术语来表述古希腊社会历史发展特定阶段的概念。虽然现代西方学者没有对希腊"东方化革命"的概念进行系统阐释，但博德曼、贝尔纳、伯克特等人从史料的角度，将东方对西方的影响进行具体考证。萨义德等人则从另一角度，即以批评东方主义来重新认识东方，揭示历史上东方的影响和地位。我们从他们的论述中可以概括出"东方化革命"的基本内涵——大约在公元前750至前650年，埃及、黎凡特、美索不达米亚等东方文明给予希腊文明革命性的影响，根本上改变并决定了希腊文明的基本面貌。

"东方化革命"不是一个孤立的概念，其提出和影响的扩大其实是"东方化"（Orientalizing）和"东方化时代"（The Orientalizing Period）这两个话题的延续和扩展。

"东方化"这一词被用作指代古希腊艺术的一种风格，始于维也纳大学古典学教授亚历山大·孔兹。他于1870年在《早期希腊艺术史》中提出这一说法[1]，认为"东方化"这一术语可以用来说明19世纪前半期在意大利埃特鲁里亚墓冢中发现的瓶画风格。东方化风格瓶画的发展已经超越了与原型物件没有关系的几何风格，考古学家这些年在意大利中部以及1845年以来在亚述的发现——花卉旋纹和狂野的动物以及奇幻的怪物，都被认为是来自东方——尤其是埃及——的表达。这类东方化风格同样出现在希腊艺术中，尽管至19世纪中期在希腊只出现了少数考古证据。自此以后，学术界对希腊艺术中东方因素的关注越来越密切。随着考古学的发展，越来越多的考古实物证据表明，古希腊文明中来自东方的因素不仅限于艺术领域。

1980年，英国学者奥斯温·默里在孔兹研究的基础上，第一次提出"东方化时代"（The Orientalizing Period）这一术语，他的《早期希腊》[2]第六章即以"东方化时代"为章名。[3]默里借用了这个艺术史概念并且将其应用到整体希腊社会的研究。他认为，"与近东的接触，给公元前750至公元前650年那一个世纪的希腊社会带来了大量的变化"[4]。通过考察希腊语借用的闪米特词汇的数量，尤其是在物质文化领域，例如陶器的形状、

---

[1] A. Conze, *Zur Geschichte der anfänge griechischer Kunst*, Wien: Buchhändler der Kaiserlichen Akademie der Wissenschaften, 1870. 转引自 Corinna Riva and Nicholas C. Vella eds., *Debating Orientalization: Multidisciplinary Approaches to Change in the Ancient Mediterranean*, London: Equinox Publishing, 2006, p. 4。

[2] Oswyn Murray, 1980.

[3] 默里在1993年第二版"序言"中确认，他首次提出"东方化时代"这一术语："有些章节变动很小……因为其基本结论似乎仍值得保留，而随后的研究已经从这里开始。我对其中的两章感到特别自豪……第六章即'东方化时代'，如今已经作为一个重要时期得到认可。首次借用了这个艺术史概念并且将其应用到作为整体的社会的，正是本书。"（见奥斯温·默里：《早期希腊》，第二版序）国内学者普遍根据第二版认为"东方化时代"是1993年提出。如张广智：《西方史学史》，复旦大学出版社，2000年，第4页；黄洋、晏绍祥：《希腊史研究入门》，第191页。笔者核对了1980年 Harvester Press 版本，第六章即名为"The Orientalizing Period"，见 Oswyn Murray, 1980, p. 80。陈恒根据1980年 Fontana Perss 版本，也认为"东方化时代"这一术语是1980年首次提出，见陈恒：《略论古希腊文明中的东方因素》。

[4] 奥斯温·默里：《早期希腊》，第74页。

称呼服装的词汇、渔业和航海业的术语等,确认了希腊和腓尼基之间接触的密切。不过,他认为"这种传播发生的路径,以及它对希腊接受者的影响,最好通过对三个领域——艺术、宗教和文学——的研究来探讨"[1]。作者也正是凭借自己所掌握丰富的一手考古资料,在这几个方面进行了深入细致的研究。

默里提出"东方化时代"这一术语之后,西方古典学界的注意力开始逐步集中到东方化论题之上。1987年,贝尔纳的《黑色雅典娜》一面世便引起激烈争论,激发了学界对希腊文明中东方因素的研究热情,相继发表了相关著述。

除了萨拉·莫里斯的希腊与东方保持文化"共同体"理论[2],英国古典学家韦斯特的《赫利孔的东方面孔:希腊诗歌和神话中的西亚元素》在1997年面世,作者考察了爱琴地区与东方的来往和交流,包括贸易往来,以及希腊人对于"近东"艺术与工艺、词语、文学、天文学、音乐、宗教等多方面的借鉴,系统阐述了西亚文化对古风时代和古典时代早期希腊文化的影响。他认为:"在事实的冲击下,读者应该放弃,或至少大大减少对于早期希腊文化独立性所抱有的任何幻想。我们不能把'近东'的影响贬低为边缘现象,只是在解释孤立的不正常现象时才偶尔援引。它在许多层面、在绝大多数时期都无处不在。"[3]

1998年,考古学家塔马斯·德兹索在《不列颠考古报告》发表单行本长篇论文《公元前9世纪至前7世纪爱琴海和东地中海头盔传统中的东方影响:东方化的模式》[4],他将爱琴海和东地中海地区头盔传统中的东方

---

[1] 奥斯温·默里:《早期希腊》,第74—75页。
[2] Sarah Morris, 1992, pp. 101–123; 1997, pp. 599–623.
[3] M. L. West, 1997, p. 60.
[4] Tamás Dezsö, "Oriental Influence in the Aegean and Eastern Mediterranean Helmet Traditions in the 9th–7th Centuries BC: The Patterns of Orientalization", *BAR International Series*, 691, 1998.

影响分为四个层次：直接引入、对东方模式的模仿和形式上的重新解释、对东方模式的模仿和材料上的重新解释、塞浦路斯和希腊的头盔受到东方的启发。通过对具体文化事项的专题研究，德兹索为我们提供了一个关于东方文化对希腊文化影响的个案研究样本。

不仅学者们独立完成的专著聚焦于希腊文化与东方文化之间的关系研究，一些研究机构也以学术研讨会的形式进行集体探讨。

1990年3月15至16日，纽约大学美术学院校友会（The Alumni Association of the Institute of Fine Arts）召开了一次主题为"希腊：东方与西方之间——公元前10世纪至前8世纪"的学术研讨会。1992年，根据研讨会的议题出版了同名论文集。[1] 其中的论文既有从历史、考古和时代等方面进行的宏观论述，也有从器皿组件、宗教圣所、人物传说等方面的具体考察，其他论文则集中探讨了腓尼基在东西交流方面的作用和影响。

在2002年9月7至8日，牛津大学圣约翰学院召开了一次以"古代的东方化"为主题的学术研讨会。与会学者不仅探讨了古代地中海某些特定地区或特定领域的"东方化"，还对"东方化"问题进行了一些理论上的思考与总结。2006年，根据这次研讨会讨论的议题出版了《考量东方化：古代地中海地区变革的综合学科研究法》。其中尼古拉斯·珀塞尔的《东方化：五个历史问题》和罗宾·奥斯邦的《东方化走向何方或消亡的东方化？》对学界热烈讨论的"东方化"进行了冷静的思考。珀塞尔在对"西方观念的指向""假象与真实""'化'之难题""想象的东方""'化'之程度"等问题考量的基础上，得出结论认为，对"东方化"这一问题的讨论还缺乏足够的证据和理论支撑，"如果我们想要回应罗伯特·夏特里埃所称'宏大历史'（Histoire à très large échelle）的挑

---

1 Günter Kopcke and Isabelle Tokumaru, *Greece between East and West, 10th–8th Centuries BC*, Mainz: Verlag Philipp von Zabern, 1992.

战,将我们所理解的世界放入一个特定背景,就不应继续坐在一间暗室里,等待偶尔来自花园里一点火星的光亮,我们应该停止讨论'东方化'这一术语以及这一术语附带的沉重之物"[1]。奥斯邦在对"东方化"和"东方主义"(Orientalism)进行综合对比分析后,得出与珀塞尔相反的结论,指出东方化论题的现实意义:"任何停止讨论'东方化'或者将'东方化'纳入'殖民主义'话语体系的动议,我们都应该坚决抵制。这两种做法都会使得地中海地区政治共同体内部和广阔外部环境中的权力运行情况变得模糊不清而非更加明朗。希腊地区在吸收和改造其他文明因素的动态过程中,仍然保证了政治独立,这是一个独特的主题。厘清古代的'东方化'——正如本论文集力图所做的这样,不单单是为了古代的目的。"[2]

在这样的背景下,一些学者将"东方化革命"的命题纳入希腊与东方文明交流的研究框架下,形成了"东方化—东方化时代—东方化革命"的话语体系。这一话语体系的基础就是"东方"以及东方文明对希腊文明的影响,因此,要理解和辨析"东方化革命",前提是对"东方""东方化"以及"革命"等基本概念的考量。

第三节 "东方化革命"的史实基础及其想象

许多现代语源学研究者将"东方""西方"两个词的词源上溯到腓

---

[1] Nicholas Purcell, "Orientalizing: Five Historical Questions", in Corinna Riva and Nicholas C. Vella eds., *Debating Orientalization: Multidisciplinary Approaches to Change in the Ancient Mediterranean*, London: Equinox Publishing, 2006, pp. 21–30. 珀塞尔所言之"沉重",意指附加于这一话题的殖民主义、后殖民主义及东方主义等学术研究中的现实政治因素。

[2] Robin Osborne, "W(h)ither Orientalization", in Corinna Riva and Nicholas C. Vella eds., *Debating Orientalization: Multidisciplinary Approaches to Change in the Ancient Mediterranean*, London: Equinox Publishing, 2006, pp. 153–158.

尼基人传说中的卡德摩斯和欧罗巴甚至更为久远[1]，不过古代希腊人尚无"东方"的概念和意识。[2] 我们在论及这一主题时所使用的"西方"与"东方"（West and East）、"欧洲"与"亚洲"（Europe and Asia）、"希腊"与"东方"（Greece and Orient）这些二元对立概念都是现代的术语。尽管这些术语本身是现代性的，不过所指称的事项却是历史的具体存在。如前所述，不同时代的人只能用自己时代的术语来表述特定的事物。因此，现代人在研究公元前30世纪至前1世纪地中海地区的跨文化交流之时，必须仰赖于这些约定俗成的现代性概念。[3]

探讨这些概念首先要解决一个基本问题："东方"究竟是一个地域的还是文化的范畴，或者其他方面的范畴。关注古代地中海世界的学者倾向于将"西方"与"东方"和"欧洲"与"亚洲"看作两对同等概念，即东西方地缘文化的区分与欧亚大陆的自然分界线是重合的——从爱琴海到黑海，中间是达达尼尔海峡、马尔马拉海、博斯普鲁斯海峡。[4] 部分希腊人居住的土耳其西海岸和沿岸岛屿被称为"东希腊"，在传统上属于"西方"或"欧洲"的范畴。然而这种地域的划分并不能准确表述文化或观念上的区别。一些学者甚至声称，"东方"是一个想象的地域[5]，

1　关于这两个词的词源解释及争论，见 Walter Burkert, 1992, p. 153 note 3。

2　东西方对立的概念始见于罗马帝国时期，后被基督教拉丁文学采纳。直到十字军东征的时代，"东方"（Orient）才作为概念和术语，实际进入西方语言中。见 Walter Burkert, 1992, pp. 1, 153 note 2。

3　关于青铜时代的研究，Janice L. Crowley, *The Aegean and the East: An Investigation into the Transference of Artistic Motifs between the Aegean, Egypt and the Near East in the Bronze Age*, Jonsered: Paul Åströms Förlag, 1989, 使用了"爱琴"与"东方"的概念；Eric H. Cline, *Sailing the Wine-Dark Sea: International Trade and the Late Bronze Age Aegean*, Oxford: Tempus Reparatum, 1994, 将爱琴地区从近东的引入称为"东方之物"（Orientalia），近东从爱琴地区的引入称为"西方之物"（Occidentalia）；此外还有 C. Lambrou-Phillipson, *Hellenorientalia: The Near Eastern Presence in the Bronze Age Aegean, Ca. 3000-1100 BC*, Göteborg: Paul Åströms Förlag, 1990 等。

4　Ann C. Gunter, 2009, p. 51.

5　Edward W. Said, *Orientalism*, London: Penguin, 1978, pp. 41-52.

或者"东方"在地域上是不存在的。[1]笔者认为，地域上的"东方"概念是探讨其他"东方"范畴之基础，因此需要有较为明确的界定。在不同的历史语境下，地域上的"东方"也有不同的范围。笔者大致以欧亚大陆的自然分界线作为地域上西方与东方的分界线。以此为基础，在涉及其他范畴的"东方"概念时进一步加以界定和阐述。

从希腊人的认知角度来说，尽管他们尚无"东方"的概念，但是文化认同范畴的"东方"在希腊古典时期就已经出现了。波斯的入侵使得希腊人产生了一种联想，开始把波斯人和希腊人传说中的敌人联系起来，把他们一概视为来自亚细亚、对希腊产生巨大威胁的宿敌，因而也是对立于希腊方式的典型蛮族。正如默里所说，"希波战争开创了一个新时代，但也终结了一个旧时代。希腊文化已经从东西方富有成果的交流中被创造出来。东方对抗西方，专制对抗自由，希波战争中创造的这种二元对立，在整个世界历史中回响"[2]。希腊和波斯的对立与冲突从根本上改变了希腊文化的特性，希腊人开始意识到他们区别于其他民族的民族特性。因此，从文化和民族认同的角度来说，"希腊"与"东方"的对立实际上是希腊人关于"他者"的一种认识范畴，这一范畴中的"东方"可以泛指在文化方面与希腊人有一定联系但是又相区别的其他民族及其文化。

古典主义学者所关注的不仅仅是特定的地域或民族，而是人类知识的一部分[3]，故而我们在这里探讨的"东方"不仅是一个地域和文化的范畴，而是建立在地域、文化和民族基础上的综合研究领域。

第二个问题是关于"东方化"的界定。英语中的"东方化"有多重表述形式，有表过程的Orientalizing，表状态的Orientalization，表结果的Orientalized。这些表述形式在汉语中皆可译成"东方化"。"化"的基本

1　Nicholas Purcell, 2006, p. 25.
2　奥斯温·默里：《早期希腊》，第290—291页。
3　Edward W. Said, 1978, p. 50.

含义是变化,在名词和形容词之后,表示转变成为某种性质或状态的情形。因此,在论及"东方化"时,必须考虑何种程度的性质或状态改变能够称之为"化",还要考虑到"化"的过程、结果和状态。正如珀塞尔所诘问的:"东方化"是否包括了关于程度和完整性的判断?是否意味着一个稳定但不断改变的时期,或者是完全的改变?换句话说,如果"东方化"是一个过程,是否意味着结果就"东方化"了?若不是,为什么不是?[1]早在1973年,博德曼就以黑格尔关于东方和西方"精神"对立的模式提出了一个关键的问题:"东方化"是希腊人主动地、有自主意识地转变他们所接受的知识,还是被动地、因袭陈规地接受来自东方的产品?[2]

直到伯克特的时代,严谨的西方学者仍然侧重于从具体文化事项入手进行分析,拒绝在没有确凿证据之时贸然建构文明互动与交流的模式。伯克特在《东方化革命》前言中就明确表示:"我有意侧重于提供证据,证明希腊与东方文化有相似之处,以及证明希腊可能采纳了东方文化。某些时候,当材料本身不能提供文化迁移的可靠证据时,确认文化间的相似也将是有价值的,因为这能使希腊和东方的文化现象摆脱孤立,为比较研究搭建了一个平台。"[3]而我们能够据以为证的主要是艺术、宗教和文学领域的比较研究。

在古风时代早期希腊艺术的"东方化"过程中,腓尼基人起着先驱的作用,尽管他们在艺术层面只是中转和媒介的角色。[4]亚述帝国和埃及的艺术被认为是希腊艺术最重要的原型。[5]从接受者的角度来说,塞浦路

---

[1] Nicholas Purcell, 2006, p. 26.

[2] John Boardman, *Greek Art*, London: Thames and Hudson, 1973, p. 19.

[3] Walter Burkert, 1992, p. 8.

[4] Walter Burkert, 1992, p. 16; Glenn Markoe, 1996, pp. 47–67; Ann C. Gunter, 2009, p. 65.

[5] Ann C. Gunter, 2009, p. 66.

斯和克里特岛在东方对希腊产生影响的过程中有特殊地位；罗德岛在公元前8世纪时也十分重要；所有在公元前8世纪兴盛起来的重要朝拜地，即提洛岛、德尔斐，尤其是奥林匹亚，都发掘出了数量可观的东方工艺品；紧邻厄立特里亚的雅典也值得特别关注。[1]

　　希腊艺术中的东方因素首先体现在手工产品方面，最早的无疑是金属制品。从公元前9世纪后期起，克里特的腓尼基金属匠人已经开始生产锻造青铜器物并用于献祭，考古学家在伊达山的山洞中[2]和奥林匹亚、多铎纳和埃特鲁里亚地区都发现了他们的产品。同时腓尼基的金匠正在克诺索斯工作，也可能在雅典工作。[3]腓尼基的青铜碗和银碗普遍被作为贵重物品交易，不仅在塞浦路斯、雅典、奥林匹亚、德尔斐，甚至意大利南部的普勒尼斯特、埃特鲁里亚等地也都发现了这样的碗。上述地区发现的碗中至少有三个刻有阿拉美－腓尼基（Aramaic-Phoenician）铭文，一只法拉里（Falerri）出土的碗上还刻着楔形文字。[4]

　　"东方化"最为显著的是陶器。默里认为，陶器的东方化风格首先于公元前725年前后出现于原始科林斯陶器上，稍晚出现的雅典陶器也具有同样的倾向。[5]不过现在已经有学者确认其时间更早，几何陶后期即公元前750年前后，东方艺术的影响逐渐清晰起来。这一点在底比隆画家和他的工作室里装饰花瓶的动物图案中体现得尤为明显。[6]几何式的剪影画为灵活的黑画剪影与嵌入式细节的合成物（黑画技术）所取代，它是素描技法和附加涂色的混合……全套的东方装饰的主题被引入，如涡旋形、

1　Walter Burkert, 1992, p. 19.
2　传说中婴儿宙斯的藏身之处。
3　奥斯温·默里：《早期希腊》，第75页。
4　Walter Burkert, 1992, p. 19.
5　奥斯温·默里：《早期希腊》，第77页。
6　Glenn Markoe, 1996, p. 47.

蔷薇花饰、棕叶饰、百合花和花蕾,以及复杂的"生命之树"等。[1]来自黎凡特的艺术影响不仅体现在对装饰动物本身——如山羊和鹿——的选择,而且在于对动物姿势和形态的表达。从画家所使用的模型中确实能够看到东方的输入,这些装饰对我们关于东方化主题研究有着特殊的意义。这不仅在于他们对动物形象的描述,而且在于他们包含了特殊的主题:正在捕食的猫科动物,经常以正在攻击其猎物的姿态呈现。[2]这些动物中最常见的就是狮子,不管是单独出现还是出现在捕食场景中的狮子,都在阿提卡陶瓶中能够看到。[3]然而对希腊人来说,狮子和豹子同斯芬克斯、塞壬、戈尔工以及其他有翼的怪物一样神奇。已经有学者精确地指出了这些动物模型的来源,例如,从形态上说,狮子首先是赫梯的,后来是亚述的。[4]

还有一些在希腊发掘出来的东方艺术品也值得注意。象牙雕刻——虽然这种技艺后来被希腊人采用——毫无疑问是来自东方,公元前7世纪出现的鸵鸟蛋和来自红海的砗磲贝壳也是如此。珠宝则更常见,如各式金饰、彩陶珠以及玻璃珠,荷马史诗中所提到的赫拉的三串桑葚状耳饰当属此类。宝石、印章的使用和传播更有力地证明了与东方的联系。伊斯基亚岛(Ischia)发掘出了近百枚叙利亚-西里西亚的印章。勒夫坎迪的陵墓中发现了有叙利亚和埃及风格的类似护身符的饰品——葬于厄立特里亚英雄祠(Eretria Heroon)的王子佩戴着一枚镶嵌在黄金上的圣甲虫形护身符。此外,美索不达米亚风格的圆柱形印章在希腊的萨摩斯、提洛岛和奥林匹亚都有出土。[5]

---

1 奥斯温·默里:《早期希腊》,第77页。

2 B. Schweitzer, et al., *Greek Geometric Art*, Translated by P. Usborne and C. Usborne, London: Phaidon, 1971, pp. 186−200.

3 Glenn Markoe, 1996, p. 47.

4 奥斯温·默里:《早期希腊》,第77页。

5 Walter Burkert, 1992, pp. 19, 162−163, note 2−8.

希腊艺术的"东方化",不仅是商人将东方的货物辗转贩卖到希腊,使得东方的产品在希腊出现,而且还有来自东方的工匠直接向希腊人传授技术,同时,希腊人也直接向对方学习。对此的直接证明就是希腊人在制造中吸取了种种新的技术性工艺,这不是简单地通过购买成品就能做到的。希腊手工业者们旅行到了靠近东方的某些地区,并在贸易据点建立起作坊。在那里,他们可能方便地见到东方的工人。艺术家的这类迁移从他们自己制造的物品中可以发现一部分,但主要是以专业的制作工艺传播到希腊作为假设前提,因为那些技术只能通过直接接触才能学到。金丝细工饰品和粒化技术、宝石的切割、象牙雕刻、赤陶模的使用和青铜的失蜡铸造法等,都是这类技术的例证。[1] 这些技术都不是彼此进行远距离的接触所能够学到的,而是至少有一段学徒过程,其间彼此曾密切合作,交流过种种细节问题。并且,工匠因有一技之长,与定居的农民和拥有土地的贵族截然不同,其流动性有着现实的基础[2],这就为希腊手工艺者或者艺术家与东方的学习和交流提供了条件。

虽然研究者对艺术品地方风格的确定和单件物品的原产地鉴定仍在进行中,近东许多遗址尚未研究,或只是部分研究。但从现有的考古和艺术史研究成果来看,希腊艺术上的"东方化"已经得到证实。对于"东方化"这样一个综合性指标,已经有了众多地区的诸多样本,证明东方因素在希腊艺术中的影响成为普遍现象。

当然,我们还需要注意希腊人对东方艺术的改造以及在此基础上的再创造。面对各种外来模式,希腊工匠的反应是改造多于模仿。[3] 浅层次

---

[1] John Boardman, 1980, p. 71;奥斯温·默里:《早期希腊》,第75—76页。

[2] 荷马在其歌颂"为公众做工的人"的诗句中就明确表述了这一点:"除非他们是懂得某种技艺的行家,或者是预言者、治病的医生,或是木工,或是感人的歌者,他能唱歌娱悦人。那些人在世间无际的大地上到处受到欢迎。" Homer, *Odyssey*, 17. 383-385.

[3] John Boardman, 1980, pp. 78, 81; J. L. Benson, "An Early Protocorinthian Workshop and the Sources of its Motifs", *Babesch: Bulletin Antieke Beschaving*, Vol. 61, 1986, pp. 13-14.

的改造体现在技术层面，如东方失蜡铸造技术中的蜡芯以沥青为芯被改成了以树脂和麸糠作芯。[1] 更多改造过程则在对近东图像主题的转换中能够较为清晰地看到。例如，东方主题的牛或牛犊，在希腊的环境中则转换成马和马驹。同样，阿提卡艺术家借用了近东复合生物的观念，但是随即创造了希腊特有的风格。同样的借用和改造也体现在希腊艺术家对东方生命之树的描绘，将其以本土的几何陶形式展现出来。[2] 这一改造过程还体现在对某些特殊主题的选择性借用，如围绕一个中心主题相对立的群组图像，是典型的东方风格，但是在阿提卡的后期几何艺术家那里，变成一种独特的风格——一名马夫被群马所包围，群马按两级或三角排列，然而又有两个人坐在中间的凳子或石块上面，这又是典型的本土风格，很少发现有近东的原型。[3] 在所有这些例子中，东方原型的出现和影响主要体现在排列的顺序或形式结构方面，而在场景的风格和具体图像方面的影响则少得多。正如默里所说，"希腊艺术从来不是东方的派生物，借鉴和采纳都是创造性的"。"正是几何陶的叙述与东方自然主义的结合，让希腊的艺术，因此也是西方的艺术，具有了它独特的方向：一种按照本来面貌描绘现实的兴趣，与那种风格和装饰、试验上的自由、对人的特殊关注以及人的作品乃艺术的主题等相对应。"[4]

在艺术领域以外，学者们研究得较多的是文学和神话方面的"东方化"。荷马史诗和赫西俄德的作品与东方的关系尤为引人注目。荷马史诗虽于古风时代才最终成书，不过口头传颂已经有了数个世纪，在其传颂过程中，无疑吸收了多种文明元素。自古以来就有学者将荷马史诗与

1　John Boardman, 1999b, p. 57.

2　J. N. Coldstream, *Greek Geometric Pottery: A Survey of Ten Local Styles and Their Chronology*, London: Methuen, 1968, p. 67 note 2.

3　Glenn Markoe, 1996, p. 49.

4　奥斯温·默里：《早期希腊》，第78页。

《希伯来圣经》相比较——二者都是在以宗教和语言为基础形成的社会单元中传播的历史、神学和叙述传统;二者在悲情主题(如以女儿献祭)、诗歌技巧(如明喻修辞)、宗教范式(如发誓与诅咒)等方面都有诸多共同之处。[1] 布鲁斯·卢登在《荷马的〈奥德赛〉与近东》一书中通过对《奥德赛》与《创世记》《出埃及记》等近东文本的比较,得出结论:《奥德赛》融合了多种不同的神话传统,所有这些传统都能在近东找到对应物。尽管从近东内部来说,这些神话或传说又分属于不同地区,如美索不达米亚、埃及、乌伽里特等地,但大量故事都集中在《旧约圣经》中。[2] 默里认为,赫西俄德的《神谱》,其核心组织原则是"继承神话",其结构和许多细节都与东方的继承神话严密对应,并对其中三个做相对详尽的阐释,即巴比伦的创世神话《埃努马·埃利什》、赫梯的库马尔比神话和一部希腊人创作的《腓尼基史》。[3] 赫西俄德的《劳作与时令》,虽然其中详尽的建议完全是希腊式的,但该诗篇的总体设想让人想起东方著名的智慧文字,核心神话的某些部分与东方类似。[4] 伯克特也对希腊的宇宙神话与赫梯的库马尔比神话进行了比较,他还比较了希腊神话传说中最具传奇色彩的赫拉克勒斯形象与诸多近东神话的相似之处。[5] 荷马颂歌与赫西俄德作品中的很多故事也被证明与美索不达米亚有着很多对应关系。[6] 奥林波斯十二主神中,狄奥尼索斯、阿芙洛狄忒、阿波罗、阿尔特弥斯都已证明与东方有着密切的联系。[7]

---

1 Sarah Morris, 1997, p. 599.
2 Bruce Louden, 2011, p. 314.
3 奥斯温·默里:《早期希腊》,第80—81页。
4 奥斯温·默里:《早期希腊》,第83页。
5 Walter Burkert, "Oriental and Greek Mythology: The Meeting of Parallels", in Jan Bremmer ed., *Interpretations of Greek Mythology*, London: Routledge, 1990, pp. 10–40.
6 Charles Penglase, 1997, pp. 64–165.
7 Martin Bernal, 2006, pp. 453–464.

关于其他希腊文学作品，包括其他史诗、抒情诗、寓言，尤其是涉及神话传说的作品，都有学者从不同角度与东方传统进行了比较研究。但是，所有这些研究都面临一个核心问题：如何证明这些相似性之间存在着直接的影响，而不是按照自身的规则独立发展起来的。当然，学者们可以根据地理空间上的相互连接、年代时间上的先后关系做出一些推论。即便如此，也不能忽视希腊文学所具有的希腊本土性特征。荷马史诗的英雄传统是希腊社会的独特产物，其中人神同性的自由神学，体现的是希腊人独特的人文伦理观。[1]尽管赫西俄德借鉴了外来的模式，但他的思想有自己内在的逻辑，在希腊人的背景下，有着自己的关键之处。他对社会的关注如何让他通过创造世代的观念将神灵的世界和人类世界联系起来，并从神灵那里派生出抽象的政治概念，这种思想模型在东方并无对应。[2]

神灵起源的问题更为复杂，尽管某些希腊神灵在其发展过程中的确受到东方的影响，但是其源头显然并不只是唯一的，并且在最终成型之时，已经完成了对其他文明元素的吸收和改造，所彰显的主要是希腊特性了。以阿波罗为例，阿波罗显然是一个起源于希腊以外的神灵。笔者在第五章中论证了阿波罗神名起源于北方，其神职主体起源于亚洲，这两种外来文化元素在传播和融合的过程中也吸收了希腊原住民族的某些崇拜成分。在阿波罗崇拜的某一发展阶段，人们还吸纳了许多不同宗教元素和小的神祇，这些众多宗教元素和小神祇逐渐汇聚到"阿波罗"的名称之下。[3]关于这些汇聚到"阿波罗"名称之下的宗教元素和小神祇的具体情况，我们至少可以明确知道有三种成分：一种是西北多利斯希腊（Dorian-northwest Greek）成分，一种是克里特-米诺斯（Cretan-Minoan）成

---

1 Sarah Morris, 1997, p. 599.
2 奥斯温·默里：《早期希腊》，第84页。
3 李永斌、郭小凌：《阿波罗崇拜的起源及传播路线》，第179页。

分，一种是叙利亚-赫梯（Syro-Hittite）成分。[1]然而，在希腊古风时代以来的艺术中，以阿波罗为原型的雕塑艺术形象的发展程度一直远胜过其他神祇，这种发展至少可以追溯到提洛岛的阿波罗神庙铸成那些青铜塑像之时（约公元前750年）。这些阿波罗塑像一般都是以年轻人形象出现，随着希腊艺术的不断成熟，这种形象逐渐上升到理想高度，经过后来进一步的净化和提升，这种理想明显具有神圣性，赋予希腊文化一种特殊的气质，而代表这种文化的神就是阿波罗。甚至有学者说："阿波罗是希腊精神的具体体现。一切使希腊人与其他民族相区别，特别是使之与周围野蛮民族相区别的东西——各种各样的美，无论是艺术、音乐、诗歌还是年轻、明智、节制——统统汇聚在阿波罗身上。"[2]同样，其他与东方有着密切关系的神灵，在其发展过程中，也逐渐融合了多种文明元素，最终形成了希腊人所特有的奥林波斯神系及与其相应崇拜的宗教。

还有一个领域是文字和语言。希腊文字的基础是腓尼基字母，这一点已经得到公认。希腊字母的形状是对腓尼基字母的改写，两种字母表的顺序基本一致，甚至绝大多数希腊字母的名称也是从腓尼基语接受过来的。腓尼基语向希腊语的转写几乎是机械的，只有在一个基本方面例外：元音。元音的发明正是体现了希腊人对腓尼基字母创造性的修正。绝大多数希腊元音的形式源自腓尼基语的辅音或者半辅音字母，后者在形成中的希腊语中毫无用处，只是被视为简化过程的音节符号，而元音的发明则将这些音节符号转变成真正的字母符号。在希腊字母表中，主要的语言因素元音和辅音首次独立出来，各自单独表达。这一系统仍为绝大多数现代语言所使用。[3]贝尔纳考察了希腊语中外来语的现象[4]，提出

1　Walter Burkert, 1985, p. 144.
2　W. K. C. Guthrie, 1985, p. 73.
3　奥斯温·默里：《早期希腊》，第86—87页。
4　Martin Bernal, 2006, pp. 90–299.

了数百个他认为"可以验证的假设"[1]，当作希腊文明具有亚非之根的重要证据。然而，文字和语言领域的几百个案例仍然不足以构成文明整体特性。我们需要关注的应该是文字以及文字的运用对社会变革带来的影响。尽管有学者认为，文字应对古风时代的绝大多数变革负责，在走向民主，逻辑、理性思维的发展，批判的史学，法律的制定等方面起到了辅助或激励的作用。但是，文字的作用是加强社会中已经存在的趋向，而不是对其进行基本的改造。[2] 希腊社会具有的独特性在文字到来之后并没有因此而消失，而是进一步朝着自己特有的方向前进，从而发展出与东方文明特征迥异的古典文明。

至此可以形成一个基本结论：希腊历史上的"东方化"是确实发生过的历史现象，但是其范围主要在艺术领域，文学、宗教、文字、语言领域有一定程度的"东方化"。在一些具体社会文化事项方面，也能看到东方的影响，如哲学[3]、建筑[4]，还有如会饮等社会风俗[5]，以及一些实用的物品如钱币等[6]，至于是否能称得上"东方化"，还没有足够多的样本和确凿证据进行分析。但是在诸多领域，希腊人仍然保持了本土的独特性和创造性，如史学、抒情诗、舞台剧等。东方社会的许多独特事物也没有在希腊找到对应之物，如巨大的宫殿、强大的王权、连续性的王朝等。

1　Martin Bernal, 1987, p. 73.

2　奥斯温·默里：《早期希腊》，第92—93页。

3　George G. James, *Stolen Legacy: Greek Philosophy is Stolen Egyptian Philosophy*, New Jersey: Africa World Press, 2001，全书的主题是关于希腊哲学与埃及哲学的探讨，不过该书论据漏洞百出，论点简单偏激，在严谨的学术研究中并不足取。另有 M. L. West, *Early Greek Philosophy and the Orient*, Oxford: Oxford University Press, 1971，提供了诸多具体案例的比较研究。

4　Erwin F. Cook, "Near Eastern Source for the Palace of Alkinoos", *American Journal of Archaeology*, Vol. 108, 2004, pp. 43-77.

5　奥斯温·默里：《早期希腊》，第74页。

6　阿兰·布莱松：《吕底亚和希腊铸币的起源：成本和数量》，沈扬、黄洋译，《历史研究》，2006年第5期。

"东方化"最初是一个艺术史的概念。艺术品方面的比较研究相对较易，因为有具体物件和作品作为证据。一旦将"东方化"从艺术史领域扩大到整个社会层面，难题就自然涌现。艺术史术语"东方化"，其实是文化传播论者用以解释历史的方式，可能更适合于物质文化，而非观念的历史。具体文化事项层面的转换和改造比整个社会其他层面的转换更容易把握，然而以人工产品的流动为基础来建构文化交流甚至历史发展的脉络，还需要更多社会生活领域层面的分析。探讨一个诸如"东方化时代"这样的术语，并不是纯粹的概念与称谓的问题，而是涉及历史年代建构的问题。历史的时代划分是我们分析过去的核心方法之一。然而这不是一件简单"约定俗成"之事，其中的各个阶段并不是武断的划分，或者仅仅为了某种特殊的探究而任意选取我们易于处理的年限范围。选择某一社会中我们认为足够显著的特征，给予其一般特性并将其标注为一个时代，是历史学中最难以把握的主题之一，并不只是提出一个概念这样简单的事情。因此，默里在提出"东方化时代"这一术语时指出："艺术中的自然主义、宗教上的系统化、字母和文字，希腊人几乎都没有意识到，他们到底从东方借鉴了多少。像黑暗时代一样，东方化时代几乎从希腊人的视野中消失了，它需要在现代的研究中得以重新发现。"[1]

然而，关于这一问题的现代学术研究还只处于起步阶段，远谈不上重新发现之时，一些学者就借用伯克特的"东方化革命"这一术语，试图以此为基础建构希腊文明和东方文明之间的宏观联系。

实际上，"东方化革命"是"东方化"和"革命"两个概念的合体。"革命"最初是一个政治学术语，指的是相对较短时间内权力或组织结构的根本性改变。[2] 在世界古代史研究领域，"革命"一词也被引申

1　奥斯温·默里：《早期希腊》，第93页。
2　Aristotle, *Politics*, 1.1301a.

到其他领域，其基本含义仍然指的是"结构性的变化"，如古希腊历史上的"公元前8世纪革命"[1]，指的就是城邦的兴起这一"结构性革命"[2]。因此，对"东方化革命"这一概念的辨析，关键在于"东方化"是否引起了希腊社会的"结构性变化"。就公元前750至前650年的希腊社会来说，社会结构的基础是公民意识基础之上城邦社会的兴起。尽管这一时期的希腊社会除了上述艺术等领域以外，在政治和社会结构方面也一定程度上受到了东方的影响，但是希腊人所汲取的总是适应于自己本土的元素，因而在其发展过程中逐渐形成了与东方社会迥异的公民集体社会城邦体制。[3]

艺术上的"东方化"并没有引起希腊社会的结构性变化，"东方化革命"也只是一种想象的概念，实际上是对艺术史上"东方化时代"的扩大化理解。这种扩大化又源于对东方因素在希腊历史上的"公元前8世纪革命"中所起作用的评估。由于一些学者将"公元前8世纪革命"的时间界定为公元前750至前650年[4]，恰好与默里所提出的"东方化时代"吻合，而希腊城邦社会的兴起也确实和希腊与东方广泛而深刻的文化交流同时发生，这两股历史潮流对希腊社会的发展产生了深远持久的影响。但是，希腊城邦社会的发展，并不是在公元前750至前650年这一百年时间里突然发生的，而是源于迈锡尼时代以来希腊社会的缓慢发展。尤其是从古风时代到古典时代以城邦制度为框架的发展过程，决定了希腊文化的基

1　1961年，美国古代史家切斯特·斯塔尔在其所著的《希腊文明的起源》一书中，首次提出了"公元前8世纪革命"的说法："公元前750至前650年这个革命的时期，是整个希腊历史上最为根本的发展阶段。"见Chester G. Starr, 1961, p. 190。

2　A. M. Snodgrass, 1980, p. 15. 最近的论述见Ian Morris, 2013, p. 65。关于"公元前8世纪革命"这一概念的辨析，见黄洋：《迈锡尼文明、"黑暗时代"与希腊城邦的兴起》。

3　关于希腊与东方在政治思想和体制方面的联系与区别，见Christopher Rowe and Malcolm Schofield, *The Cambridge History of Greek and Roman Political Thought*, Cambridge: Cambridge University Press, 2000, pp. 50–59。

4　Chester G. Starr, 1961, p. 160.

本特质，不同于东方的公共空间上所展开的自由辩论、智术师的公共话语等方面所带来的强烈转变，催生了不同于东方文化的希腊文化特质。东方的影响只是在社会的某些层面强化或加速了固有的趋向而已。正如斯塔尔所说："公元前8世纪的伟大革命不是从东方开始的。如果说希腊现在准备恢复与东方的密切联系，这种联系的增长主要是因为公元前8世纪爱琴海的人们已经准备扩大他们的视野，建立更高的建筑了。"[1]

然而，一些学者却着意强调这一时期东方影响的作用，甚至将这种影响夸大到"革命"的层面。

第四节　古典学与东方学的碰撞："东方化革命"的现代想象

"东方化—东方化时代—东方化革命"话语体系的深层次背景是古典学与东方学、古典主义与东方主义在现代政治语境中的碰撞。

18世纪中期，随着欧洲民族主义革命运动的勃兴和政治势力版图的重新划分，在意识形态领域形成了一股民族保护主义的风潮。加之学术上的日益专业化，西欧社会开始了一场将古希腊理想化的思潮和文化运动。[2]这一运动以理想化的古代希腊来寄托和抒发现代欧洲人的精神诉求和政治目的。温克尔曼、赫尔曼、歌德、洪堡等文学巨匠和思想大家，将古代希腊理想化推向新的高潮。

与此同时，学术研究的专业化趋势将这一潮流纳入学术领域。1777年，沃尔夫进入哥廷根大学，要求注册学习"语文学"或"文献学"（Studiosus Philologiae）。Philologiae一词被亚历山大里亚学者限定为文献研究领域，排除了文艺鉴赏，到了近代一般被等同于语言研究的科学。

1　Chester G. Starr, 1961, p. 194.
2　关于这一主题，极为精彩的论述见黄洋：《古典希腊理想化：作为一种文化现象的Hellenism》。

因此，沃尔夫用Alterthums-wissenschaft（意为"古典学"）一词来指称他所从事的研究，这标志着现代古典学正式确立。[1]古典学虽然以研究古希腊拉丁文献为基础，实际上不可避免地要表述欧洲人的现代价值观，因此很快与温克尔曼等人所倡导的新人文主义融为一体，并发展成为浪漫主义的民族主义思想。这种思想把文学或精神文化同某个独特的民族或部落、某个独特的人种联系在一起。独立起源与发展的概念取代了文化间相互影响的模式，成为理解文化的关键。[2]

语言学者对"印欧语系"——大多数欧洲语言和波斯语及梵语都衍生自同一原始语言——的发现，强化了古希腊语、古罗马语、日耳曼语之间的联系，就此把闪米特语排斥到另外的世界。但是为希腊人的独立性辩护，还得否认他们在印欧语系大家庭内与印度的亲缘关系，以确立一种观念，就是将古典的、民族的希腊理解为一个自成体系、自主发展的文明模式。[3]

在这样一种思想氛围的影响下，加之西方资产阶级革命和工业革命之后对东方的全面优势，以及近代以来"东方"的衰落和西方学界对东方衰落根源的解释——专制、腐朽、没落的景象，西方学者因此倾向于把古代东方对古代希腊的影响降到最低，甚至有意将东方因素从理想化的古代希腊文明中"驱逐出去"。维拉莫维茨的一段话颇具代表性，"闪米特以及埃及的民族和国家衰落了几个世纪，尽管他们有自己古老的文

---

[1] R. Pfeiffer, *History of Classical Scholarship from 1300 to 1850*, Oxford: Oxford University Press, 1976, p. 173; John Edwin Sandys, *A History of Classical Scholarship*, Cambridge: Cambridge University Press, 1921, p. 12.

[2] 当然，自19世纪以来就已经出现了反对"希腊奇迹说"的学术思想，如人类文化学中的剑桥神话仪式学派学者，其中最著名者当属康福德（Cornford）。在古典学内部，从18、19世纪以来也有与温克尔曼思想相对的历史主义或希腊主义思想的存在，如道兹（Dods）对希腊人与非理性的研究等。可以说，伯克特的学术特点体现了这几种思想潮流的集合。

[3] Walter Burkert, 1992, pp. 4–5.

化，但除了少数手工艺技艺、服装、品味低劣的器具、陈旧的饰品、令人厌恶的偶像崇拜和更令人反感的各路虚假的神祇以外，他们不可能对希腊人有任何贡献"[1]。

20世纪70年代以来，国际政治发生了剧烈变化，多数原殖民国家在经历了长期的斗争之后获得了独立，但是他们后来发现自己并没有最终摆脱殖民统治。西方国家，特别是前殖民统治国家，继续以种种方式对独立的国家进行控制。在这样的背景下，萨义德的著作《东方主义》出版。萨义德指出，西方世界对东方人民和文化有一种微妙却非常持久的偏见，并决意以人文主义批评去开拓斗争领域，引入一种长期而连续的思考和分析，以期打破这一偏见，为东方正名。[2]以《东方主义》的出版和对该书的讨论为契机，学术界出现了东方研究的热潮。

带有浓厚孤立倾向的古典主义和具有强烈政治色彩的东方主义的合流，也曾在西方学术领域引起质疑。19世纪的几大重要发现[3]，使得西方部分研究者找到了克服古典主义和东方主义话语体系内在缺陷的重要工具，得以重新认识"东方"以及东方文明对希腊文明的影响。"东方化—东方化时代—东方化革命"这一话语体系正是这种重新认识过程的具体体现之一。这种重新认识自19世纪末开始，在20世纪晚期的后殖民主义时期由涓涓细流汇成学术潮流，反映了西方学界在新的历史条件下的自我反思与自发调整。从这个意义上说，东方化革命的提出具有合理的、积极的意义。伯克特是这一倾向在当代的代表人物，他的《东方化革命》的目的就是正本清源，抛弃传统观念："窃望拙著能充当一名打破藩篱的使者，将古典学家的注意力引导到他们一直太少关注的领域，并使这些

---

[1] 转引自 Walter Burkert, 1992, p. 5。

[2] Edward W. Said, 1978, preface, xviii.

[3] 伯克特认为这些发现一是楔形文字和象形文字的破译让近东文明和埃及文明重新浮现，二是迈锡尼文明的发掘，三是对古风时期希腊艺术发展中东方化阶段的确认。Walter Burkert, 1992, p. 2.

研究领域更易接近，甚至非专业人士也能理解。或许它也能激励东方学者（他们几乎同古典学家一样有孤立的倾向）继续保持或重新恢复与相邻研究领域的联系。"[1]

然而，澄清希腊与东方的联系程度并不是一件轻而易举的工作。黄洋教授正确指出，希腊和东方世界的联系仍然是一个非常值得期待的研究领域，更为充分的研究极有可能进一步修正我们对于早期希腊历史的认识，但是这也是一个非常艰深的研究领域，不仅需要掌握古代希腊文献，而且还要有比较语文学的训练，掌握古代西亚和埃及的文献以及多种语言之余，也要对考古材料有着充分的了解，目前只有少数学者有条件从事这个领域的研究。[2]虽然他的告诫对象是中国学者，但是笔者认为，这也同样适用于西方学者，适用于所有正在或者将要从事这一领域研究的学者。一旦脱离了具体文化事项的研究，忽视对"东方化"的具体考析，单方面强调"革命"，就不可避免渗入一些民族主义和文化本位主义的因素，陷于和东方主义一样的想象性构造。这种想象性构造在学术层面的表现则是激进化和简单化。

《东方化革命》的作者伯克特，是一位非常严谨的古典学者。如前文所述，他的这部作品"标题大胆、行文谨慎"，并没有简单纠缠于概念和术语，也没有带着先入之见去进行研究，而是侧重于提供证据，为比较研究搭建平台。"东方化革命"这样一个标题更多是吸引注意力。然而，在这一研究领域，带有明显价值判断的标题并不在少数。有些学者确实像伯克特一样，在内容上并没有进行简单处理，而是以翔实的证据来说明具体文化事项，如韦斯特的《赫利孔的东方面孔：希腊诗歌和神话中的西亚元素》。即便是贝尔纳招致诸多批评的《黑色雅典娜》，如果

---

[1] Walter Burkert, 1992, p. 8.
[2] 黄洋、晏绍祥：《希腊史研究入门》，第191—192页。

说第一卷只是以知识社会学的视角来整理欧洲人对古典文明的观念变迁历史,因而可能会被视为一种外在性批评的话,那么第二卷、第三卷中较为翔实的史料和论证就应该引起任何严肃的古典学者的注意了。但是,也有一些内容如标题一样不甚严谨的作品,如詹姆斯《偷来的遗产:希腊哲学是偷来的埃及哲学》。尽管希腊人自己认为哲学最早起源于埃及,希腊哲学家从埃及学习并带回了哲学[1],然而,哲学思想毕竟属于观念范畴,想要从简单的人物活动或表象的相似特征中归纳出哲学思想的传承,并不是一件容易的事情。因此,作者论证中的漏洞随处可见,如"埃及的神秘主义学说到达其他地方的时间要比到达雅典早了数个世纪","希腊哲学发展时期(公元前640至前322年)处于内外战患中,不适合产生哲学家","埃及和希腊体系的外部环境具有同一性"[2],因而,希腊哲学是偷来的埃及哲学。这样简单偏激的论断,在严谨的学术研究中并不足取。如果说标题冠之以"偷来"一词是为了吸引眼球,尚可接受,但作者在行文中也多次使用这一价值倾向明显和感情色彩浓厚的字眼,更是容易招致反感。[3]同样的道理,如果说"东方化革命"这一概念在纠正古典主

---

[1] 伊索克拉底在《布西里斯》说:"在埃及的一次旅行中,他(毕达哥拉斯)成为埃及宗教的学生,并且第一次把所有哲学带给希腊人。"(Isocrates, *Busiris*, 28)希罗多德曾提及此事(Herodotus, *History*, II. 81),后来的拉丁作家西塞罗认为毕达哥拉斯自称是一个 *philosophos*,而不是一个 *sophos*(Cicero, *Tusculanae Disputationes*, V. 3. 9),狄奥根尼斯和亚历山大里亚的克莱门特认为最早使用 *philosophia* 这一词的是毕达哥拉斯(Diogenes Laertius, *Lives*, I. 12; Clement, *Stromateis*, I. 61)。贝尔纳认为Σοφία一词源于埃及语词根 *-sb3*(意为"教导、教学、学生"),见Martin Bernal, 1987, p. 104; 2006, p. 263。

[2] George G. James, 2001, pp. 9, 22, 28.

[3] 这一点可从此书出版后的情况略窥管豹。《偷来的遗产:希腊哲学是偷来的埃及哲学》写于詹姆斯博士就职于阿肯色大学松崖分校(University of Arkansas at Pine Bluff)期间,据说,在此书出版以后不久,詹姆斯就神秘去世,没有任何一个关于他的年谱记载其去世的具体日期。时至今日,该校图书馆甚至没有一本此书的副本,校园里也没有任何詹姆斯的雕像或胸像,教室墙壁上也没有任何以詹姆斯为主题的装饰,甚至没有一纸可资证明他曾在此生活过的记录。见George G. James, 2001, "Biography"。

义的孤立倾向、反对种族主义的欧洲中心论方面有一定积极意义，那么，对这一概念激进的理解和阐释则是矫枉过正，难免走入另一个极端。

一些学者不是建立在原始史料的基础上进行考证与分析，而是把"东方化革命"作为一种"口号式"或"标语式"的术语，从西方学者的著作中拿来就用，甚至大加发挥，以一些历史上并不存在或者并没有发生过的假设前提来论证预设的主题，出现了简单化倾向。如《东方化革命》中译本"导读"中的一段话："不妨问一个简单的问题：如果没有埃及和两河流域的原生性文化积累，如果没有腓尼基人发明的字母，没有埃及人、苏美尔人、巴比伦人、叙利亚人等古代民族对希腊人方方面面的影响，希腊文明能够有它那惊人的表现吗？它在哲学、科学、艺术、建筑、法律等方面能够取得如此惊人的成就吗？它能够深刻影响西方基督教文化、西方世俗现代文化，以及全世界现代文化吗？"[1] 对非专业人士来说，这种简单化倾向或可理解。然而，要从专业领域研究"希腊和东方世界的联系"这一课题，还需要暂且放下"东方化革命"这样想象性的预设前提，从基本史料和文献出发，深入探讨具体问题，才有历史的宏观建构之可能性。

1　瓦尔特·伯克特：《东方化革命：古风时代前期近东对古希腊文化的影响》，"导读"第4页。

附　录
《希腊拉丁作家远东古文献辑录》关于丝的记载及相关古希腊文献补遗

　　《希腊拉丁作家远东古文献辑录》是法国著名东方学家乔治·戈岱司（George Coedès）翻译选编的一部文献辑录，1910年在巴黎首次出版。1987年，中华书局出版了该书的中译本，由中国社会科学院历史研究所耿昇先生翻译。该书所录古代希腊拉丁文献中关于丝的记载具有重要的史料价值，对于我们了解张骞开通西域之前的丝绸之路的历史具有一定参考意义。然而，正如戈岱司自己所说，该书并不是一部有关丝绸历史的专著，因此所录文献仅限关于远东地区的记载[1]；并且，据笔者所掌握的文献来看，该书收录的拉丁文献相对充分[2]，对古希腊文献的收录则

1　戈岱司编：《希腊拉丁作家远东古文献辑录》，耿昇译，中华书局，1987年，序言，第5页。
2　关于拉丁文献中对丝的记载，国内学者已经有了充分梳理和探究。见杨共乐：《古代罗马作家对丝之来源的认识》，《北京师范大学学报》（社会科学版），2011年第3期，第141—144页；陈文涛：《早期丝绸西传若干问题初探——以西方古典文献为视角》，硕士论文，华东师范大学，2011年。陈文涛的论文还讨论了古典时代希腊作家对于"米底服"的记载，但是没有讨论"阿摩戈斯服装"。余太山则分析了几份代表性的希腊拉丁文献，包括希罗多德《历史》关于草原之路的记载，伊西多尔《帕提亚驿程志》、托勒密《地理志》所见丝绸之路的记载等。见余太山：《早期丝绸之路文献研究》，商务印书馆，2013年，第143—224页。

相对较少。[1]笔者尝试在梳理该书所录文献的基础上，补充古希腊文献对"丝"的相关记载[2]，尤其是古典时代希腊人对"丝"的认识以及希腊人所描述的与"丝"相关的周边地区和民族的情况，希望能够将较早时期和相对晚近的文献衔接起来，将近东和远东的情况结合起来，并结合相关的考古证据做出适度的历史学解释。在此基础上，本文试图在一定程度上还原中国丝绸传入古代希腊的时间和阶段。

一、《希腊拉丁作家远东古文献辑录》关于丝的记载

《希腊拉丁作家远东古文献辑录》所录古典文献中有不少提到赛里斯人或赛里斯国，或者是赛里斯织物，但是主要内容与我们称为丝的"赛里斯"关系不大，本文对此类文献不做梳理和分析，只集中讨论对丝或丝的来源有具体描述的文献。该书所录此类文献主要有：

维吉尔：《田园诗》(Virgil, *Georgics*)，II.121[3]；赛内克：《鄂塔的海格立斯》(Seneca, *Hercules on Oeta*)，414；老普林尼：《自然史》(Pliny, *Natural History*)，VI.53、XII.17、XII.38、XIV.22；卢坎：《法尔萨鲁姆》(Lucan, *Pharsalia*)，X.141-143、X.292-293；西流士·伊塔利库斯：《惩罚

---

[1] 这里所说的古希腊文献，主要是根据古代作家所使用的文字，因为一些古罗马作家和拜占庭时期的作家也使用了希腊文。若严格从作者所处时代来说，《希腊拉丁作家远东古文献辑录》所录古代作家没有人属于希腊古典时代或更早的时代，希腊化时代的作家也很少。

[2] 西方学者已经就古希腊作家关于"丝"的记载有过一些研究，其中比较系统的文献梳理见 James Yates, *Textrinum Antiquorum: An Account of the Art of Weaving Among the Ancients. Part 1. On the Raw Materials Used for Weaving*, London: Taylor and Walton, 1843, reprinted by General Books, 2012, pp. 310-317; Gisela M. A. Richter, "Silk in Greece", *American Journal of Archaeology*, Vol. 33, No. 1, 1929, pp. 27-33。

[3] 《希腊拉丁作家远东古文献辑录》中译本依照戈岱司的原文附上了每位作者的法文译名，但是没有附上作品的译名。本文则在每位作者及其作品之后附上更为通行的英文译名或拉丁名，方便读者查询，中文译名则与原书保持一致。

附　录　《希腊拉丁作家远东古文献辑录》关于丝的记载及相关古希腊文献补遗　｜　153

战争》(Silius Italicus, *Punica*)，VI.1-1、XVII.595-596；斯塔西：《短诗集》(Stace, *Silvae*)，I.2.122-123； 索林：《多国史》(Solin, *Polyhistor*)，LI；阿米安·马尔塞林：《事业》(Ammianus Marcellinus, *Res Gestae*)，64；克劳狄安：《普罗比奴斯和奥利波流士的赞诗》(Claudian, *Panegyricus dictus Probino et Olybrio consulibus*)；卡佩拉：《文献学和墨丘利商业神的婚礼》(Martianus Capella, *On the Marriage of Philology and Mercury*)，VI.693。其中值得重点分析的相关作家有维吉尔、老普林尼、卢坎等。

维吉尔的《田园诗》是现存古代罗马文献中最早提到丝的，他生活于公元前70至前19年，这首田园诗大约作于公元前30年。其中说道："我怎么说呢？赛里斯人从他们那里的树叶上采集下了非常纤细的羊毛。"[1] 我们可以看到，维吉尔只是知道有赛里斯人以及他们有这样一种产品而已，他错误地认为丝是一种羊毛，并且是从树叶上采集下来的羊毛。可以说，维吉尔对丝的认识基本上来自道听途说，这种认识代表了这一时期古代罗马人对于丝的了解的一般现状。上述其他作家对赛里斯的记载和认识基本上没有超过维吉尔的认知范畴。

老普林尼生活于约公元23至79年，他的《自然史》大约成书于公元77年，是建立在大量实际观察基础上的记录和分类，被认为是西方自然科学的集大成者。后世学者也将他的作品看成是比较可靠的史料来源。他对丝有如下记载：

> 人们在那里遇到的第一批人是赛里斯人，这一民族以他们森林里所产的羊毛而名震遐迩。他们向树木喷水而冲刷下树叶上的白色绒毛，然后再由他们的妻室来完成纺线和织布这两道工序。由于在遥远的地区有人完成了如此复杂的劳动，罗马的贵妇们才能够穿上

---

[1] Virgil, *Georgics*, II.121，见戈岱司编：《希腊拉丁作家远东古文献辑录》，第2页。

透明的衣衫而出现于大庭广众之中。[1]

我们可以看到，老普林尼仍然认为丝是来自森林的羊毛。他的《自然史》还有几处也提到了赛里斯，并且还用自己实际了解的其他"羊毛树"来证明这种道听途说。[2] 至于他说的纺线和织布这两道工序，应该是从欧洲其他传统纺织技术推测出来的。

卢坎约生活于公元39至65年，他的《法尔萨鲁姆》更常见的译名是《内战记》。他所记载的赛里斯人显然与其他作家所认为的远东某地民族相去甚远："克利奥帕特拉的白腻酥胸透过西顿的罗襦而闪闪发亮。这种罗襦是用赛里斯人的机杼织成，并用尼罗河畔的织针变出粗大透亮的网眼。"[3]

在接下来的段落中，卢坎还有这样的描述："赛里斯人首先见到你（尼罗河），并探询问你的泉源。然后你又在埃塞俄比亚田野掀起奇特的波涛。"[4] 所以他可能将道听途说的赛里斯人当作埃及人或者埃塞俄比亚人。[5]

大约成书于公元1世纪中叶的《厄立特里亚海航行记》（作者不详），首次提到了"秦尼"（Thinai）这个名字。这本书用希腊文写成，希腊人所说的厄立特里亚海大概在印度洋与波斯湾一带。该书不仅明确说丝绸

---

[1] Pliny, *Natural History*, VI. 53，其他几处相关记载是 XII. 17、XII. 38、XIV. 22，见戈岱司编：《希腊拉丁作家远东古文献辑录》，第9—13页。

[2] Pliny, *Natural History*, XIV. 22. 其中记载"第五种葡萄树被称为羊毛树，这种树长满了绒毛，所以我们对于印度国和赛里斯国的羊毛树就不要大惊小怪了"。

[3] Lucan, *Pharsalia*, X. 141-143、X. 292-293，见戈岱司编：《希腊拉丁作家远东古文献辑录》，第14页。

[4] Lucan, *Pharsalia*, X. 141-143、X. 292-293，见戈岱司编：《希腊拉丁作家远东古文献辑录》，第14页。

[5] 生活在公元400年前后的赫利奥多尔也认为赛里斯指的是埃塞俄比亚。见赫利奥多尔：《埃塞俄比亚人》（Heliodorus, *Ethiopian*, X. 25），戈岱司编：《希腊拉丁作家远东古文献辑录》，第85页。

就是从这里来的，而且第一次记述了从海路到达"秦尼"的情况，而以前的西方文献所认识的都是从陆地能够前往的"赛里斯国"。

> 过了这一地区之后，就已经到了最北部地区，大海流到一个可能属于赛里斯国的地区，在这一地区有一座很大的内陆城市叫做秦尼（Thinai）。那里的棉花、精致亚麻布和被称为Sêrikon（意为丝国的）的纺织品被商队陆行经大夏运至婆卢嘎车（Barygaza），或通过恒河而运至穆利。[1]

《厄立特里亚海航行记》中的其他记载还证实了"秦尼"就是中国及其周边地区，该书还比较准确地概述了中国在公元1世纪前后与周边邻国甚至更远的西方的贸易关系。因此，很多后世研究者非常重视《厄立特里亚海航行记》相关记载的史料价值。

生活在公元2世纪的波桑尼阿斯（约公元110至180年）开始认识到丝是由一种小动物所吐出来的，他在《希腊志》中有如下描述：

> 至于赛里斯人用作制作衣裳的那些丝线，它并不是从树皮中提取的，而是另有其他来源。在他们国内生存有一种小动物，希腊人称之为"赛儿"（Ser），而赛里斯人则以另外的名字相称。这种微小动物比最大的金甲虫还要大两倍。在其他特点方面，则与树上织网的蜘蛛相似，完全如同蜘蛛一样也有八只足。赛里斯人制造了冬夏咸宜的小笼来饲养这些动物。这些动物吐出一种缠绕在它们足上的细丝。在第四年之前，赛里斯人一直用黍作饲料来喂养，但到了第五年——因为他们知道这些笨虫活不了多久了，改用绿芦苇来饲养。

---

[1] *Periplus of the Erythraean Sea*, 64. 见戈岱司编：《希腊拉丁作家远东古文献辑录》，第18页。

对于这种动物来说,这是它们各种饲料中的最好的。它们贪婪地吃着这种芦苇,一直胀破了肚子。大部分丝线就在尸体内部找到。[1]

生活于公元5世纪的赫赛齐乌斯的《辞汇集》对"赛里斯"这个词的解释,可能就来自波桑尼阿斯:

> Sêres(赛里斯):织丝的动物或者说民族的名称,"赛里斯布匹"(Holosêrikon)一词即由此而来。
> Sêrên(赛隆):制造赛里斯丝(Sêrika)的虫子。Sêres(赛儿)也是指虫子。[2]

到公元6世纪,拜占庭人赛萨雷的普罗科波在《哥特人的战争》中有如下记载:

> 到了这个时代,某些来自印度的僧侣们深知查士丁尼皇帝以何等之热情努力阻止罗马人购买波斯丝绸,他们便前来求见皇帝,并且向他许诺承担制造丝绸,以便今后避免罗马人再往他们的宿敌波斯人中或者其他民族中采购这种商品了。他们声称自己曾在一个叫做赛林达(Serinda)的地方生活过一段时间,而赛林达又位于许多印度部族居住地以北。他们曾非常仔细地研究过罗马人地区制造丝绸的可行办法。由于皇帝以一连串问题追问他们,询问他们所讲的

---

[1] Pausanias, *Description of Greece*, VI. 26. 6–9,见戈岱司编:《希腊拉丁作家远东古文献辑录》,第54页。波桑尼阿斯是罗马时代的希腊人,主要活动区域和写作对象都是希腊地区,所用文字也为希腊文。

[2] Hesychius, *Alphabetical Collection of All Words*,见戈岱司编:《希腊拉丁作家远东古文献辑录》,第88页。

是否真实，所以僧人们解释说，丝是由某种小虫所造，天赋了它们这种本领，被迫为此而操劳。他们还补充说，绝对不可能从赛林达地区运来活虫，但却很方便也很容易生养这种虫子；这种虫子的种子是由许多虫卵组成的；在产卵之后很久，人们再用厩肥将卵种覆盖起来，在一个足够的短期内加热，这样就会导致小动物们的诞生。听到这番讲述以后，皇帝便向这些人许诺将来一定会得到特别厚待恩宠，并鼓励他们通过实验来证实自己的所说。为此目的，这些僧人返回了赛林达，并且从那里把一批蚕卵带到了拜占庭。依我们上述的方法炮制，他们果然成功地将蚕卵孵化成虫，并且用桑叶来喂养幼虫。从此之后，罗马人中也开始生产丝绸了。[1]

二、古希腊文献中关于丝的记载

古希腊文中表示丝或丝织品的词汇是σηρικός，来源于名词Σῆρες（即后世学者所称的"赛里斯人"）。现存古希腊文资料中，最早记载σηρικός的作家也只能追溯到公元2世纪的罗马时代，包括琉善、波桑尼阿斯等[2]一些使用希腊文写作的作家。最早记载丝是来自赛里斯人的则是斯特拉波（Strabo）。[3]那么，这是否意味着更早的希腊人就没有相关记载甚至不知丝为何物呢？事实并非如此。古典时代的希腊人就有了关于"丝""丝织品"或者至少是类似"丝"之物的记载，只不过此时的希腊人没有用σηρικός这个词。正如罗马时代的希腊人认为这种物品来自Σῆρες而称其为σηρικός一样，古典时代的希腊人认为有一种可能是

---

1 Procopius of Caesarea, *Wars*, IV.17，见戈岱司编：《希腊拉丁作家远东古文献辑录》，第96页。值得注意的是，普罗科波的著作也是以希腊文写成。

2 Lucian, *The Dance*, 63; Pausanias, 6.26.6.

3 Strabo, *The Geography of Strabo*, 11.11.1; 15.1.34.

我们现在所称的"丝"的物品来自Ἀμοργὸς（阿摩戈斯）[1]，因而称其为Ἀμόργινον（字面意思是"阿摩戈斯的产品"，有些古典著作写成阴性名词形式Ἀμοργίνα）。[2] 当然，正如后文所要详细论述的，这种Ἀμόργινον很大程度上是希腊人对"丝"或某种类似织物的代称，并且阿摩戈斯并非这种织物的原产地，而只是一个从西亚大陆（主要是波斯帝国）到希腊大陆之间的一个转运站，因此，学术界对于阿摩戈斯织物与阿摩戈斯岛的关系也还存在较多不同观点。

关于这种Ἀμόργινον，古典时代希腊文献中相关的记载流传下来的并不多，但是我们可以通过梳理这些有限的文献管窥一豹，并在此基础上做出适度的历史学解释。

1. 阿里斯托芬:《吕西斯特拉特》(*Lysistrata*)，第149—150行

> 如果我们薄施脂粉，轻洒香水
> 穿上透亮的阿摩戈斯内衣
> 裸露出酥胸。[3]

---

[1] 爱琴海中的一个小岛，位于基克拉迪群岛东南面，邻近科斯岛，属于斯波拉特斯群岛的一部分。阿摩戈斯岛是小亚细亚经由基克拉迪群岛通往希腊大陆的第一站。

[2] 当然，这只是其中一种解释，还有两种比较常见的说法：(1) Ἀμοργίνα的词源来自ἀμόργεια，一种红色的染料，这种染料来自阿摩戈斯岛上的一种植物。(2) Ἀμοργίνα是由一种名为ἀμοργίς的野生植物制作而成。罗念生先生将其译为"细麻"，其依据应该也是第二种解释，见罗念生、水建馥编:《古希腊语汉语词典》，商务印书馆，2004年，第48页。但是这两种说法都无法解释为何用红色的染料或者用野生植物作原料能够制作出如此轻薄透亮的服装。古代的解释和现代的质疑见 Gisela M. A. Richter, 1929, p. 28。

[3] εἰ γὰρ καθήμεθ᾽ ἔνδον ἐντετριμμέναι, κἂν τοῖς χιτωνίοισι τοῖς ἀμοργίνοις γυμναὶ παρίοιμεν δέλτα παρατετιλμέναι. 本文所引阿里斯托芬作品的版本为洛布古典丛书希英对照本和《古希腊悲剧喜剧全集》中译本。此处和下文几处引文见 Aristophanes, *Birds. Lysistrata. Women at the Thesmophoria*, edited and translated by Jeffrey Henderson (The Loeb Classical Library), Cambridge, Mass.: Harvard University Press, 2000, pp. 288–289, 366–367, 272–273;《古希腊悲剧喜剧全集》第7卷《阿里斯托芬喜剧（下）》，张竹明、王焕生译，凤凰出版集团·译林出版社，2007年，第167、219、155页。

附　录　《希腊拉丁作家远东古文献辑录》关于丝的记载及相关古希腊文献补遗　　159

2. 阿里斯托芬:《吕西斯特拉特》，第736—739行

女乙：
啊，真倒霉，我的阿摩戈斯衣服
留在家里还没有清洗。
吕西斯特拉特：
又是一个——为了没洗的阿摩戈斯衣服。
女乙：
我向贞洁的圣女发誓，
我一洗完马上就回来。[1]

阿里斯托芬生活于约公元前446年至前385年，《吕西斯特拉特》创作于公元前412年。此后的希腊罗马作家和辞书关于Ἀμόργινον的解释，基本上都援引或提及了阿里斯托芬的这两处文字。该剧的其他部分谈及这种阿摩戈斯材质服装的特点之时，用了一个修饰语διαφανῆ[2]，意思是"透明的"。这就说明，相比之下，其材质更可能是丝，而不太可能是亚麻产品，其他麻类产品的可能性则更小，尤其是考虑到古代社会的手工业水平。[3]但是这种织物究竟是产自当地的野蚕丝还是来自遥远的中国，学界还存在不少争议。

---

[1] ΓΥΝΗ Β' τάλαιν' ἐγώ, τάλαινα τῆς ἀμόργιδος, ἣν ἄλοπον οἴκοι καταλέλοιφ'. ΛΥ. αὕτη 'τέρα ἐπὶ τὴν ἀμοργιν τὴν ἄλοπον ἐξέρχεται. χώρει πάλιν δεῦρ'. ΓΥ. Β' ἀλλὰ νὴ τὴν Φωσφόρον ἔγωγ' ἀποδείρασ' αὐτίκα μάλ' ἀνέρχομαι.

[2] 如第45—47行：ταῦτ' αὐτὰ γάρ τοι κᾆσθ' ἃ σώσειν προσδοκῶ, τὰ κροκωτίδια καὶ τὰ μύρα χαὶ περιβαρίδες χἤγχουσα καὶ τὰ διαφανῆ χιτώνια. "我们的力量和希望正在于此；在于我们的穿红戴绿、佩金饰银，在于我们的没药香气，在于我们诱人的胭脂和透明的衬衣。"

[3] 当然，古代作家所说的"透明的"也有可能仅仅是一种修辞手法，所以本文只是提出一种解释的可能性。

3. 克拉提鲁斯的喜剧《懦夫》（Malthakoi）残篇

将阿摩戈斯丝压进橄榄丝里。[1]

4. 安提丰的《美狄亚》（Medea）佚篇

（美狄亚）她穿着阿摩戈斯贴身小衣。[2]

5. 埃斯奇奈斯:《反提马库斯》（Against Timarchus），97

一个妇女很擅长制作阿摩戈斯服装，她制作这些（高质量的商品）是为了到市场上去卖。[3]

上述几位作家中，克拉提鲁斯生年不详，卒于约公元前420年，他的作品仅有残篇流传下来，这句残篇描述的是一个人在纺织，将两种不同的丝或线混在一起纺织。这里所说的安提丰是雅典附近的一位作家，生活在公元前4世纪，阿里斯托芬同时代人。埃斯奇奈斯生活于公元前389年至前314年，演说辞《反提马库斯》创作于公元前346年或前345年。他的记载提供了一个非常重要的信息：这时的希腊已经有人在本地制作这种衣服用于售卖，这就说明对这种服装的认识应该在一定范围内比较普及了。当然，正如下文引用柏拉图的书信所说，这种服装尽管用于售卖，

---

[1] ἀμοργον ἔνδον Βρυτίνην νήθειντινα. 这句残篇见于 Gratini Fragmenta, a Runkel, p. 29，转引自 James Yates, 1843, p. 314。

[2] Ἦν χιτῶν ἀμόργινος. 佚篇文字见于 Julius Pollux, L. VII. c. 13., 转引自 James Yates, 1843, p. 315。

[3] γυναῖκα ἀμόργινα ἐπισταμένην ἐργάζεσθαι, καὶ [ἔργα λεπτὰ] εἰς τὴν ἀγορὰν ἐκφέρουσαν. The Speeches of Aeschines, with an English translation by Charles Darwin Adams (The Loeb Classical Library), Cambridge, Mass.: Harvard University Press, 1958, pp. 78–79.

附　录　《希腊拉丁作家远东古文献辑录》关于丝的记载及相关古希腊文献补遗　｜　161

但是价格昂贵,应该不是用作日常用品,而是一种贵重的奢侈品。

6. 柏拉图:《书信》(Letters),XIII.363a

请给克巴托斯的女儿们三件长袍,不是那种昂贵的阿摩戈斯服装,而是西西里的那种亚麻布长袍。[1]

这是柏拉图写给叙拉古僭主狄奥尼修斯的信。这里将阿摩戈斯服装与西西里的亚麻布长袍相对比,说明柏拉图知道二者不是同一类产品;柏拉图用"昂贵"来形容前者,也与同时代人的认识相吻合。由于柏拉图的作品和他本人在西方社会的持久影响,他的记载也是后世研究者引用最多的,尽管这里提供的信息并不那么充分。

7. 亚里士多德:《动物志》(History of Animals),V.19.551b

有一种蛆虫,其幼虫比较大,有一些类似于触角的触须。这种幼虫完全不同于其他种类,它们先要变成一种毛虫,然后变成蚕虫,最后变成蚕蛾。这个变化的过程大概要六个月时间。一群女人们先拆开蚕茧,然后纺丝,再将丝织成布。据说,最先发明这种纺织方法的是科斯岛的帕拉特的女儿帕姆斐尔。[2]

1　ταῖς Κέβητος θυγατράσι χιτώνια τρία ἑπταπήχη, μὴ τῶν πολυτελῶν τῶν ἀμοργίνων, ἀλλὰ τῶν Σικελικῶν τῶν λινῶν. Plato, *Timaeus, Critias, Cleitophon, Menexenus, Epistles*, Trans. By R. G. Bury (The Loeb Classical Library), Cambridge, Mass.: Harvard University Press, 1989, pp. 624—625.

2　Ἐκ δέ τινος σκώληκος μεγάλου, ὃς ἔχει οἷον κέρατα καὶ διαφέρει τῶν ἄλλων, γίνεται πρῶτον μὲν μεταβαλόντος τοῦ σκώληκος κάμπη, ἔπειτα βομβύλιος, ἐκ δὲ τούτου νεκύδαλος· ἐν ἓξ δὲ μησὶ μεταβάλλει ταύτας τὰς μορφὰς πάσας. Ἐκ δὲ τούτου τοῦ ζῴου καὶ τὰ βομβύκια ἀναλύουσι τῶν γυναικῶν τινες ἀναπηνιζόμεναι, κἄπειτα ὑφαίνουσιν· πρώτη δὲ λέγεται ὑφῆναι ἐν Κῷ Παμφίλη Πλάτεω θυγάτηρ. Aristotle, *History of Animals*, with an English translation by A. L. Peck and D. M. Balme (The Loeb Classical Library), Cambridge, Mass.: Harvard University Press, 1965, p. 177. 中文译本见亚里士多德:《动物志》,吴寿彭译,商务印书馆,1979年,第230—231页。

亚里士多德关于丝的记载可以说是所有传世希腊文献中史料价值最高的，基本上可以肯定亚里士多德对这种蚕虫的记载是建立在实际观察的基础之上。不过他并未提及"阿摩戈斯"织物，也未提及这种蚕丝究竟是家蚕还是野蚕。但是后世学者多倾向于认为他所记载的是科斯岛上所产的野蚕丝。[1] 在1979至1982年，大英博物馆古代希腊罗马部编写了一套古希腊罗马日常生活的小册子，其中第二册是《古希腊的纺织》，根据古代作家的记载、古代艺术品及考古遗存资料详细介绍了古希腊的纺与织，其中也重点引用了亚里士多德的相关记载。该手册认为，古典时代的希腊虽然有丝织品，但是显然是从其他地方进口的，不仅数量极其有限，且价格十分昂贵。直到亚里士多德的时代，希腊人才开始进口丝作为原材料，自己纺织成品。[2] 但是该书并未进一步探讨"从其他地方进口"究竟是哪些地方，也未说明进口的是野蚕丝还是中国的家蚕丝。不过一般来说，野蚕丝产量有限，不太可能用于大规模生成并出口。

综合上述古代希腊文献来看，亚里士多德之前的希腊人对"丝"还没有形成完整的认识，上述文献基本上是对成品服装的描述，或赞叹这种服装的精美，或直言这种服装的昂贵，在精美和昂贵这两个特点之外，只有少数文献提及了其"透亮"的特点。古典时代的希腊人并未深入探究这些服装的原材料以及制作过程。亚里士多德的记载在现存史料中第一次相对详细地描述了养蚕纺丝的过程。不过，当我们把上述文献史料置于更为广阔的历史背景下来考察，或许能够一定程度上复原中国丝绸到达古代希腊的时间和阶段。

1　E. Panagiotakopulu, P. C. Buckland, P. M. Day, C. Doumas, A. Sarpaki, and P. Skidmore, "A lepidopterous cocoon from Thera and evidence for silk in the Aegean Bronze Age", *Antiquity*, Vol. 71, No. 2, 1997, pp. 420-429.

2　Ian Jenkins and Sue Bird, *Spinning and Weaving in Ancient Greece*, in *Greek and Roman Daily Life Studies — Illustrated Notes for Teachers Vol. 2*, British Museum Education Service, 1979-1982, p. 2.

三、中国丝绸到达古代希腊的时间和阶段

中国丝绸最早何时到达古代希腊？对这一问题的探讨首先应该从希腊人的服饰及其材质入手。关于古代希腊人的服饰及其材质，现代最早的研究可能是19世纪的荷兰学者兰姆伯特·博斯。他在为戏剧《尤纳库斯》[1]所撰写的演员服装指导手册《〈尤纳库斯〉的服装》（*Eunuchus Palliatus*）中，引用了大量古代作品中的记载，按照不同地域、阶层、年龄和职业等分类，细致入微地描述了古希腊人从头到脚的穿着打扮。其中，关于青年女性的服装，他认为多利亚妇女通常穿羊毛织品，而伊奥尼亚妇女则主要以亚麻织品为主，但是亚麻织品容易有折痕，所以通常要在下摆用一条带子来增加其重量。他也提到了有一种非常好的服装，看起来像是透明的一样。虽然他没有进一步深谈，但是很明显是将这种服装与亚麻服装相并列的。[2] 这种与亚麻服装相并列的服装是不是丝织品呢？这个问题引起了学者们持久的关注和讨论。

1929年，瑞切特（Gisela M. A. Richter）撰文认为，上述希腊文献所记载的"阿摩戈斯织物"就是丝。虽然一些学者认为这种织物并不是丝，而是亚麻，他们的主要依据是《苏达辞书》（*The Suda*）的解释。但瑞切特指出，《苏达辞书》是公元10世纪至11世纪拜占庭学者编撰的辞书，关于阿摩戈斯织物的资料来源仍然是上述希腊作家的文献。《苏达辞书》只是说"阿摩戈斯织物"像亚麻，像"已经抽好的亚麻"，并没有肯定说这种织物就是亚麻。瑞切特还对阿摩戈斯本身的地理环境进行了考察，

---

[1] 《尤纳库斯》（*Eunuchus*）是古罗马作家特伦斯（Terence，约公元前195/185—约前159年）的名作，但这并非他原创，而是改写自古希腊剧作家米兰德（Melander，公元前342—前291年）。剧情设置的背景大约是古典时代的雅典。因此，兰姆伯特·博斯的服装指导手册也是以古典时代的雅典为基础。

[2] Lambert Bos, *Eunuchus Palliatus. An Excursus to Sections 15. 16. 17. of Part IV*, printed for the use of the actors of the *Eunuchus* of Terence, at Westminster, 1839, reprinted by Book On Demand, 2013.

阿摩戈斯是一座小岛，大部分是崎岖、贫瘠的山区，只适合橄榄树和葡萄的生长，而亚麻的生长需要肥沃的平地，所以阿摩戈斯很难出产亚麻，更不用说能够有大量用于制作精美服装的亚麻。因此这种织物一定是进口得来的。至于这种织物为什么会被称为阿摩戈斯织物，是因为阿摩戈斯岛是亚洲通过海路到达希腊大陆航线上的第一站，瑞切尔认为，人们以最近的地名来命名某种外来物品是很常见的事情，而亚洲的波斯帝国在这个时期盛行丝质服装已经有确切的文献记载和考古证明了，所以可以推测这种丝质服装是经过波斯帝国转运进口到希腊的。[1]

瑞切尔的结论一度得到了考古学的证明。20世纪30年代，雅典的德国考古研究所系统发掘了雅典的克拉米克斯公墓（Kerameikos Cemetery）。在阿尔克迈翁家族（Alcmaeonidae，古典时代雅典最有权势的家族之一）的墓地中，有一个墓室属于亚西比德的孙女西帕利特（Hipparete）。1936年，考古学家在这个编号为35-HTR73的墓室下面发现了一个用化石做成的石棺，石棺中有一个铜质圆底深口碗，这个碗被禾秆包缠着，碗口封着紫色绶带。这个包缠着的碗最初可能是放在一个木头匣子中的，因为在石棺底部还能看到木头残渣。碗中有一种被烧过的轻薄的纺织品残迹，这块纺织品四个角处染成紫色。这个石碗现在保存在希腊文化部，考古学家认为其年代应该在公元前430至前400年。20世纪60年代，德国科学家亨特及其科研团队采用显微技术和氨基酸测试技术对碗里的纺织品残迹进行了鉴定，他们得出结论认为，这块纺织品包含有五种织物，其中包括某种野蚕丝和一种学者们通常所称的"庞比蚕丝"（Bombyx mori），亨特认为这种"庞比蚕丝"正是原产自中国的家蚕丝。[2] 与这次检测大概

1　Gisela M. A. Richter, 1929, pp. 28-30.
2　Christina Margariti and Maria Kinti, "The Conservation of a Five-Century BC Excavated Textile Find from the Kerameikos Cemetery at Athens", in Mary Harlow and Marie-Louise Nosch eds., *Greek and Roman Textile and Dress: An Interdisciplinary Anthology*, Oxford: Oxbow Books, 2014, pp. 130-149.

附　录　《希腊拉丁作家远东古文献辑录》关于丝的记载及相关古希腊文献补遗 | 165

同一时期，另一些德国科学家检测了德国霍米克勒（Hohmichele）出土的纺织品，这些纺织品的时间被定为公元前6世纪中期，略早于雅典克拉米克斯公墓的出土物。检测结果显示，霍米克勒出土的纺织品也有产自中国的家蚕丝的成分。[1]

1989年，雅典的德国考古研究所向希腊文化部申请将雅典公墓的纺织品样品再次拿出来检测，这次检测的目的最初是为了确定这些纺织品是否来自爱琴海科斯岛上的一种野蚕丝。但是由于未预见到的检测条件困难，这次检测未能完成。[2]

诸多学者基于上述检测结果，结合其他地区的考古发现对古代中国丝绸西传的问题进行了论述。1991年，巴伯尔在《史前纺织品》一书中认为，古典时代后期希腊人的纺丝技术来自对中国丝绸技术的模仿，克拉米克斯公墓出土的纺织品显然是重新纺织过，为的是符合希腊人的品位。[3]希腊人传统上使用的是一种悬挂式纺织机（warp-weighted loom）。[4]但是最近，巴伯尔在给笔者的邮件中对这一说法进行了修正。她曾亲自尝试用悬挂式纺织机来纺丝，然而根本没有可操作性。因为使用这种纺织机，要将线往上抛，然后让线呈弯曲状，一部分往下垂。但是因为丝是滑的，所以一抛上去就会滑下来。因此希腊人肯定是用一种有两根横梁的"毯式织布机"，使用这种织布机时，线是往下抛，而不是往上抛。这种"毯式织布机"大概在公元前5世纪初期传入希腊。巴伯尔还认为，希腊语中指称丝的词汇sēr直接来自中国的"丝"，希腊人借用了中国的

---

1 Hans-Jürgen Hundt, "Über vorgeschichtliche Seidenfunde", *Jahrbuch des Römisch-Germanischen Zentralmuseums Mainz*, Vol. 61, 1969, pp. 59–71; John Peter Wild, "Some Early Silk Finds in Northwest Europe", *The Textile Museum Journal*, Vol. 23, 1984, pp. 17–23.

2 Christina Margariti and Maria Kinti, 2014, p. 132. 因为这次检测未能完成，所以随后几年里出版的相关著作，仍然认为这些纺织品中有丝的成分。

3 Elizabeth Wayland Barber, *Prehistoric Textiles*, Princeton: Princeton University Press, 1991, pp. 31–32.

4 Elizabeth Wayland Barber, 1991, pp. 108–109.

"丝"字的发音，加上了一个希腊语中常用的形容词后缀-ikós，变成了sērikós，这一词后来又用于指称丝的来源地——赛里斯。再后来，许多民族语言都借用了希腊语的sērikós来指称丝，比如英语中的silk。[1]

1995年，艾琳·古德在《汉代之前欧亚大陆的丝》一文中概览了从蚕茧中抽取丝的技术，并且力图从现存的纤维测试结果中回溯各种丝的品种及其原产地。基于亨特对霍米克勒出土的纺织品检测结果以及雅典克拉米克斯公墓出土的纺织品，古德认为中国的丝最早传入欧洲的时间是公元前6世纪早期。[2]

21世纪初期，希腊文化部和德国考古研究所再次对克拉米克斯公墓出土的纺织品样品进行检测。这次采用了更多更先进的技术，包括重叠区扩增基因拼接法（PCR）、傅里叶变换红外光谱法（FTIR）、扫描电子显微镜技术（ESEM）。检测结果出乎意料——这些样品里面并没有丝的成分。科学家检测到了四种纺织品的成分，其中两种是不同品种的亚麻，还有一种可能是棉，最后一种则是亚麻和棉的混制品。[3]

因为这个出乎意料的检测结果，科学家们又重新检测了德国霍米克勒出土的纺织品，结果证明这种纺织品也不是丝。[4]

除了以上考古发现，在欧亚大陆还发现了诸多早于或相当于希腊古典时代的丝织品，但是都没有直接证据证明来自中国。科学家们在埃及发现了第21王朝（公元前1000年前后）的丝织品，有些学者认为这些丝来自中国，是通过波斯传到埃及的，但是这种观点没有更为直接的证据。[5]考古学家在乌兹别克斯坦境内阿姆河北岸的萨帕利城（Sapalli Tepe）发

1　Elizabeth Wayland Barber, *The Mummies of Ürümchi*, London: Macmillan, 1999, p. 202.

2　Irene Good, "On the Question of Silk in pre-Han Eurasia", *Antiquity*, Vol. 69, 1995, pp. 959-968.

3　S. P. Margariti and V. Orphanou, "Recent Analyses of the Excavated Textile Find from Grave 35 HTR73, Kerameikos Cemetery, Athens, Greece", *Journal of Archaeological Science*, Vol. 38, 2011, pp. 522-527.

4　Christina Margariti and Maria Kinti, 2014, p. 133.

5　G. Lubec, et al., "Use of Silk in Ancient Egypt", *Nature*, Vol. 362, 1993, p. 25.

现了青铜时代（公元前8世纪之前）的丝，但是不能确定这些丝是来自中国的家蚕丝还是某地的野蚕丝。[1] 在阿尔泰地区巴泽雷克墓地（Pazyryk Cemetery）发现了属于公元前5世纪的丝织品。但是最近的研究表明，这些丝并不是来自中国的家蚕丝，而是一种野蚕丝，可能来自印度。[2]

现今能够确认的最早的最靠近西方的中国丝，发现于克里米亚地区，现存于大英博物馆。这件纺织品残片被科学家确认为中国汉代的暗花缎，同一块暗花缎的另一部分残片则现存圣彼得堡的艾尔米塔什博物馆（Hermitage Museum），这块丝织品的生产时间被界定为公元前1世纪至公元1世纪之间。[3]

那么，我们该如何认识古代文献的记载与考古发现和科学检测之间的巨大差异呢？有的学者认为，墓葬出土文物只能说明保存手段和保存条件，并不能完全否认古典时代希腊人使用丝的可能性。[4] 但是，争议的声音一直存在。有学者坚持认为古典时代及其以前，希腊人确实不知道丝的存在。古典时代希腊文献所记载的阿摩戈斯织物，很可能是一种特殊的亚麻。[5] 也有学者认为，古代地中海地区很早就有使用野蚕丝的传统，并且也有考古学的证据。20世纪90年代，英国考古学家和希腊考古学家联合发掘的锡拉岛（Thera）发掘现场发现了一枚茧，经过复杂的科学检测，这枚茧被证实为一种野蚕茧，其时间在公元前1500年前后。考古学

1　Philip Kohl, *The Bronze Age Civilisation of Central Asia*, New York: M. E. Sharpe, 1981, pp. xxi-xxii (and references).

2　Paul G. Bahn, *The Atlas of World Archaeology*, New York: Checkmark Books, 2000, p. 128.

3　H. Granger-Taylor and J. P. Wild, "Some Ancient Silk from the Crimea in the British Museum", *The Antiquaries Journal*, Vol. 61, 1981, pp. 302-306.

4　Christina Margariti and Maria Kinti, 2014, p. 149.

5　Linders Tullia: *Studies in the Treasure Records of Artemis Brauronia found in Athens* (Acta Instituti Atheniensis Regni Sueciae, 4, xix.), Stockholm: Svenska Institutet I Athen, 1972, pp. 20, 45; Liza Cleland, *Colour in Ancient Greek Clothing: A Methodological Investigation*, Edinburgh: University of Edinburgh, 2002, p. 125.

家据此认为,早在青铜时代,爱琴海地区就已经有野蚕丝了。[1]但是,值得注意的一点是,无论何地的野蚕丝,在质量和产量方面都完全不能与中国的家蚕丝相比,不太可能大规模生产出精美的服饰。也有学者认为,用野蚕丝纺线织布的技术实际上是模仿中国家蚕丝的技术,其原因也是远距离转手进口中国的家蚕丝太过昂贵,需要用野蚕丝来做替代品。[2]

因为考古学样本非常有限,古代文献的记载则颇多模糊之处,所以从历史学的角度来说,我们只能对中国丝绸传入古代希腊的时间和阶段问题进行大致的、推测性的复原。笔者认为,中国丝绸传入古代希腊大致可以分为三个阶段。第一个阶段是可能的零星传入,时间是在希腊的古典时代;第二个阶段是小规模传入,时间是在亚历山大东征及其以后的希腊化时代,亚里士多德在其生涯后期完成的《动物志》也应当归入这个时间范围;第三个阶段是大规模传入,时间是拜占庭帝国时期,不过这时候的希腊地区已经成为拜占庭帝国的一部分了。

就第一阶段而言,亚里士多德之前,古代希腊文献所记载的阿摩戈斯服装,没有更多的细节描述,大多数都是用形容词来表述这种服装的华丽、贵重,至于普及程度,则只有克拉提鲁斯的记载对市场买卖的问题有所提及。因此,我们不能确定这种服装的原料是否为丝,更不能确定是否为来自中国的丝。不过,综合上文所引古代希腊文献和公元前5世纪至前4世纪欧亚大陆整体的文明交流情况,零星的中国丝绸进入古代希腊的可能性是存在的。中国丝绸的西传,首先是从蒙古高原到阿尔泰山,再经过准噶尔盆地,到哈萨克丘陵,或者直接由巴拉巴草原到黑海地区的北方草原之路开始的。这条传播路线的最早时间已不可考,不过可以肯定的是,这条路线在张骞出使西域之前已经存在了若干世纪。散居在广袤的欧亚草原上的游牧民族,充当着欧亚两种文明的传播者,促

---

[1] E. Panagiotakopulu, P.C. Buckland, P.M. Day, C. Doumas, A. Sarppaki and P. Skidmore, 1997, pp. 420–429.
[2] Hans Weber, "Coae Vestes", *Istanbuler Mitteilungen*, Vol. 19/20, 1969/1970, pp. 249–253.

进了欧亚大陆东西两端的文化交流。它是一条由草原游牧民族主导的东西方文化交流通道，虽然控制"草原丝绸之路"的民族和国家在不断变迁，这条"丝绸之路"却一直通达而繁忙。在这个传播过程中，斯基泰人可能充当了重要的使者。古典时期希腊历史学家希罗多德曾记载，公元前5世纪，古希腊人与斯基泰人贸易时，得到一种柔软的绮罗。笔者推测，这些绮罗很可能就是由斯基泰人从遥远的东方贩运而来的丝绸。[1] 同时，波斯帝国也在公元前5世纪至前4世纪建立起了囊括西亚大陆的大帝国，并且建造了贯通全国的"御道"。中国的丝绸很可能也通过波斯帝国零星地传入了希腊地区。[2]

就第二阶段而言，亚里士多德对蚕虫的记载，我们不能确定是家蚕还是野蚕，也不能确定亚里士多德在多大程度上混淆了家蚕和野蚕。不过，结合当时的历史背景来看，他的记载极有可能是中国的养蚕纺丝技术。亚里士多德在世的最后十几年，正是亚历山大东征的时间。公元前334年，亚历山大挥师东征，从安纳托利亚到埃及，从埃及再到波斯。公元前329年，亚历山大穿过兴都库什山，到达巴克特里亚，并在亚克萨特斯河（Iaxartes，即锡尔河）南岸建立了一个新的边境城市——"最远的亚历山大里亚"（Alexandria Eschate），在现代的苦盏城（Khodzhent，即列宁纳巴德）附近。亚历山大还娶了一位巴克特里亚妻子罗克珊娜（Rhoxane），时间是在公元前327年初。公元前325年，亚历山大结束历时十年的东征，率军撤回西亚地区。公元前323年6月，亚历山大在回军途中暴毙于巴比伦。[3] 一个时代结束了。

---

1 关于斯基泰人在东西文明交流中的作用，见王三三：《古典时期"斯基泰人"概念的历史衍化》，《北方民族大学学报》（哲学社会科学版），2012年第5期，第10—16页。

2 关于波斯帝国与丝绸之路的关系，见苏聪：《波斯帝国与丝绸之路西段的形成》，《社会科学家》，2016年第2期，第126—130页。

3 John Boardman, et al. eds., *The Cambridge Ancient History, Vol.6, The Fourth Century BC*, Cambridge: Cambridge University Press, 1994, pp. 791-845.

但是另一个时代悄然来临，因为希腊文化随着亚历山大东征而广泛传播，接下来这个时代被称为"希腊化时代"。虽然名为希腊化时代，但是文明的交流从来不是单向的，而是交互的，所以希腊人也在这个过程中吸收了东方文化的精华。这个东方主要是指近东，但是无疑也包括亚历山大东征所到之处的"更向东的地方"，甚至更为遥远的中国。如果中国人与希腊人在此时发生了间接的文化交流或商贸往来，丝绸必定是其中的重要媒介，因为在张骞开通西域之前，中国和中亚地区已经有很长时间的文化交流活动[1]，在这些文化交流活动中，丝绸很早就是重要的交流内容和载体了。[2]

张骞通西域以后，横贯欧亚大陆的商路已经打通。从远东的汉帝国到中亚的巴克特里亚之间的商贸活动越来越频繁。经过欧亚大陆各民族的逐步"接力"，中国的丝绸从中亚的巴克特里亚、南亚的印度到达原来的帕提亚境内，然后到达小亚细亚，最后通过爱琴海或者直接穿过地中海到达希腊地区。罗马帝国时期，罗马庞大的版图使得从地中海西海岸到整个欧洲大陆的交流更加便利，帕提亚帝国则连接了中亚到西亚之间贸易的文化交流通道。[3]罗马帝国治下原希腊地区的一些作家已经对丝

---

[1] 日知：《张骞凿空前的丝绸之路——论中西古典文明的早期关系》，《传统文化与现代化》，1994年第6期，第25—32页；余太山：《早期丝绸之路文献研究》，第143—224页；王子今：《前张骞的丝绸之路与西域史的匈奴时代》，《甘肃社会科学》，2015年第2期，第10—16页。很多学者认为，《穆天子传》所描述的就是公元前10世纪的中西交流图景。见李崇新：《〈穆天子传〉西行路线研究》，《西北史地》，1995年第2期，第41—52页，其中重点介绍了学术界关于周穆王往西最远到达了什么地方的争议；余太山：《早期丝绸之路文献研究》，第5—32页，其中认为，《穆天子传》所反映的时代最迟可能是公元前7世纪。

[2] 日知先生认为，中国丝绸作为国际礼品，较早地出现在文献纪录中，《穆天子传》的礼品清单里就包括丝绸。除了礼物性质的丝绸可能转往域外之外，是否另有丝绸作为商品，由匈奴民间输往北方和西方，则不可知。见日知：《张骞凿空前的丝绸之路——论中西古典文明的早期关系》，第27页。

[3] 关于帕提亚帝国与丝绸之路的关系，极为精彩的论述见王三三：《帕提亚与丝绸之路关系研究》，博士论文，南开大学，2014年。

和养蚕纺丝的过程有了一定的了解，这就说明，中国的丝绸已经传到了希腊地区。不过，此时传入希腊的中国丝绸主要还是已经纺织好的成品，规模也应该不算大，因为从前文所引古代文献来看，罗马帝国时期的希腊人对中国的丝及丝的来源还存在着某些因为未曾亲眼得见而带来的误解。

就第三阶段而言，拜占庭帝国统治希腊地区的时期，距离李希霍芬（Ferdinand von Richthofen）所界定的丝绸之路开通的时间已经有500多年了，欧亚大陆物质文明交流越来越频繁，丝绸作为重要的交流内容，已经大量进入拜占庭帝国，引起了帝国内各个阶层的浓厚兴趣，不再是贵族阶级独享特权的象征了。从一些社会的习俗也可以看出丝绸在拜占庭帝国的普及性，比如当时的东正教会就盛行用丝绸来装饰教堂、制作教士法衣，用丝绸包裹尸体下葬等。日耳曼诸民族进入罗马境内以后，也开始追求丝绸等东方奢侈品。公元448年，拜占庭帝国与匈奴首领阿提拉谈判时，为羁縻严重威胁帝国边境的匈奴人，向阿提拉赠送了包括丝绸在内的大量东方奢侈品。[1] 从前文所引赛萨雷的普罗科波的记载来看，拜占庭帝国官方不仅通过贸易获得中国的丝绸，而且开始有意识地了解种桑养蚕的知识，并获得了生成蚕丝的技术。至此，从古典时期可能的零星传入，到亚历山大东征以后小规模的传入，到拜占庭帝国时期大规模的传入，中国丝绸基本完成了从中国到希腊的流传旅程。

结　语

关于中国丝绸西传的问题，学术界此前主要关注张骞通西域以后的

---

[1] J. B. Bury, *A History of the Later Roman Empire, from Arcadius to Irene (395—800 AD) Vol. 1*, Amsterdam: Hakkert, 1966, p. 213；张绪山：《六七世纪拜占庭帝国对中国的丝绸贸易活动及其历史见证》，《北大史学》（第11辑），北京大学出版社，2005年，第28页。

情况，只有日知、余太山、王子今、杨共乐等少数学者讨论过张骞之前的丝绸之路问题。本文尝试从希腊拉丁文献入手，尤其是一些中国学界尚未充分关注的古希腊文献，并结合考古学的研究成果，从另一个角度对这一问题进行探讨。值得注意的是，关于古典时代希腊的丝是不是中国的丝，文献的记载相对比较模糊，我们抽丝剥茧般地分析也只能得出一个可能性的结论。相比较来说，考古实物证据相对比较可靠，可是也非常依赖科学技术的发展，考古学界对于古希腊克拉米克斯公墓出土的纺织品的鉴定，充分说明考古证据日新月异，新的考古证据和新的考古技术的出现，极有可能动摇甚至颠覆之前的既有观点。本文所论及的中国丝绸到达古代希腊的时间和阶段，虽然将最早的时间定在希腊的古典时代（约公元前5世纪后期），但是因为资料仍然有限，只能是一种尝试性的探讨。

参考文献

一、英文论著

Ahl, F. M. 1967. "Cadmus and the Palm-Leaf Tablets." *The American Journal of Philology*, 88 (2): 188−194.

Astour, M. C. 1965. "The Origin of the Terms 'Canaan,' 'Phoenician,' and 'Purple'." *Journal of Near Eastern Studies*, 24 (4): 346−350.

——. 1967. *Hellenosemitica: An Ethnic and Cultural Study in West Semitic Impact on Mycenaean Greece*, Leiden: Brill.

Austin, M. M. 1970. *Greece and Egypt in the Archaic Age*, Cambridge: Cambridge Philological Society.

Austin, M. M. and Vidal-Naquet, P. 1977. *Economic and Social History of Ancient Greece: An Introduction*, Berkeley: University of California Press.

Bacon, H. 1961. *Barbarians in Greek Tragedy*, New Haven: Yale University Press.

Barber, E. J.W. 1991. *Prehistoric Textiles*, Princeton: Princeton University Press.

——. 1999. *The Mummies of Ürümchi*, London: Macmillan.

Barnett, R. D. 1956. "Phoenicia and the Ivory Trade." *Archaeology*, 9 (2): 87−97.

Benson, J. L. 1986. "An Early Protocorinthian Workshop and the Sources of its Motifs." *Babesch: Bulletin Antieke Beschaving*, 61: 13−14.

Berent, M. 2000. "Anthropology and the Classics: War, Violence and the Stateless Polis." *The Classical Quarterly*, 50 (1): 257−289.

Bernal, M. 1987. *Black Athena: The Afroasiatic Roots of Classical Civilization Volume I: The Fabrication of Ancient Greece 1785−1985*, New Jersey: Rutgers University Press.

——. 1991. *Black Athena: The Afroasiatic Roots of Classical Civilization Volume II: The Archaeological and Documentary Evidence*, New Jersey: Rutgers University Press.

——. 1996. "Burkert's Orientalizing Revolution." *Arion*, 4 (2): 137−147.

——. 2006. *Black Athena: The Afroasiatic Roots of Classical Civilization Volume III: The Linguistic Evidence*, New Jersey: Rutgers University Press.

Bernal, M. and Moore, D. C. 2001. *Black Athena Writes Back: Martin Bernal Responds to His Critics*, North Carolina: Duke University Press.

Biesantz, H. 1958. "Mykenische Schriftzeichen auf einer böotischen Schale des 5. Jahrhunderts v. Chr." Grumach, E. ed., *Minoica: Festschrift zum 80. Geburtstag von Johannes Sundwall*, Berlin: Akademie-Verlag.

Birmingham, J. M. 1961. "The Overland Route Across Anatolia in the Eighth and Seventh Centuries BC." *Anatolian Studies*, 11: 185−195.

Boardman, J. 1958. "Al Mina and Greek Chronology." *Historia: Zeitschrift für Alte Geschichte*, 7 (2): 250.

——. 1959. "Greek Potters at Al Mina?" *Anatolian Studies*, 9: 163−169.

——. 1961. *The Cretan Collection in Oxford: the Dictaean Cave and Iron Age Crete*, Oxford: Clarendon Press.

——. 1965. "Tarsus, Al Mina and Greek Chronology." *The Journal of Hellenic Studies*, 85: 5−15.

——. 1973. *Greek Art*, London: Thames and Hudson.

——. 1980. *The Greeks Overseas: Their Early Colonies and Trade*, London: Thames and Hudson.

——. 1982. "An Inscribed Sherd from Al Mina." *Oxford Journal of Archaeology*, 1: 365−367.

——. 1990. "Al Mina and History." *Oxford Journal of Archaeology*, 9: 169−190.

——. 1999a. "The Excavated History of Al Mina." Tsetskhladze, G. R. ed., *Ancient Greeks West & East*, Leiden: Brill.

——. 1999b. *The Greeks Overseas: Their Early Colonies and Trade*, London and New York: Thames and Hudon.

——. 2001. "Aspects of 'Colonization'." *Bulletin of the American Schools of Oriental Research*, 322: 33–42.

Boardman, J., Edwards, I. E. S., Hammond, N. G. L. and Sollberger, E. eds. 1982. *The Cambridge Ancient History, Volume 3 Part 1*, Cambridge: Cambridge University Press.

Boardman, J., Jasper, G. and Oswyn, M. 1986. *The Oxford History of the Classical World*, Oxford: Oxford University Press.

Bollinger, R. 2001. "The Ancient Greeks and the Impact of the Ancient Near East: Textual Evidence and Historical Perspective (ca.750–650 BC)." Whiting, R. M. ed., *Mythology and Mythologies: Methodological Approaches to Intercultural Influences (Melammu Symposia II)*. Helsinki: The Neo-Assyrian.

Branigan, K. 1984. "Minoan Community Colonies in the Aegean?" Hägg, R. and Marinatos, N. eds., *The Minoan Thalassocracy: Myth and Reality. Proceedings of the Third International Symposium at the Swedish Institute in Athens*, Stockholm: Svenska Institutet I Athen.

Bremmer, J. N. 2006. "The Rise of the Hero Cult and the New Simonides." *Zeitschrift für Papyrologie und Epigraphik*, 158: 15–26.

Bresson, A. 2005. "Ecology and Beyond: The Mediterranean Paradigm." Harris W.V. ed., *Rethinking the Mediterranean*, Oxford: Oxford University Press.

——. 2015. *The Making of the Ancient Greek Economy: Institutions, Markets, and Growth in the City-states*, Princeton: Princeton University Press.

Burkert, W. 1984. *Die orientalisierende Epoche in der griechischen Religion und Literatur*, Heidelberg: C. Winter.

——. 1985. *Greek Religion: Archaic and Classical*. Translated by Raffan, J., Oxford: Blackwell.

——. 1990. "Oriental and Greek Mythology: The Meeting of Parallels." Bremmer, J. ed.,

Interpretations of Greek Mythology, London: Routledge.

——. 1992. *The Orientalizing Revolution: Near Eastern Influence on Greek Culture in the Early Archaic Age*. Translated by Pinder, Margaret E. and Burkert, W., Cambridge, Mass.: Harvard University Press.

——. 2004. *Babylon, Memphis, Persepolis: Eastern Contexts of Greek Culture*, London, Mass.: Harvard University Press.

Bury, J. B. 1889. *A History of the Later Roman Empire from Arcadius to Irene (395 AD to 800 AD)*, London: Macmillan.

Butcher, S. H. 1904. *Harvard Lectures on Greek Subjects*, London: Macmillan.

Cambitoglou, A., Birmingham, J., Coulton, J. J. and Green, J. R. 1971. *Zagora. I: Excavation of a Geometric Settlement on the Island of Andros, Greece. Excavation Season 1967, Study Season 1968–9*, Sydney: Sydney University Press.

——. 1988. *Zagora. II. Excavation of a Geometric Town on the Island of Andros*, Athens: Athens Archaeological Society.

Carlier, P. 1984. *La Royauté en Grèce avant Alexandre*, Strasbourg-Paris: Association pour l'étude de la civilisation romaine.

Carpenter, R. 1935. "Letters of Cadmus." *The American Journal of Philology*, 56 (1): 5–13.

Cartledge, P. 1993. *The Greeks: A Portrait of Self and Others*, Oxford: Oxford University Press.

Cartwright, D. 2000. *A History Commentary on Thucydides: A Companion to Rex Warner's Penguin Translation*, Ann Arbor: The University of Michigan Press.

Cleland, L. 2002. *Colour in Ancient Greek Clothing: A Methodological Investigation*, Edinburgh: University of Edinburgh.

——. 1982. "Greeks and Phoenicians in the Aegean." Niemeyer, H.G. ed., *Phönizier im Westen*. Mainz: Verlag Philipp von Zabern.

Cline, E. H. 1987. "Amenhotep III and the Aegean: A Reassessment of Egypto-Aegean Relations in the 14th Century BC." *Orientalia*, 56: 1–36.

——. 1990. "An Unpublished Amenhotep III Faience Plaque from Mycenae." *Journal of the American Oriental Society*, 110: 200–212.

——. 1991. "Monkey Business in the Bronze Age Aegean: The Amenhotep II Faience Figurines at Mycenae and Tiryns." *The Annual of the British School at Athens*, 86: 29–42.

——. 1995. "Egyptian and Near Eastern Imports at Late Bronze Age Mycenae." W. V. Davies and L. Schofield, eds., *Egypt, the Aegean and the Levant*, London: British Museum Press.

——. 1994. *Sailing the Wine-Dark Sea: International Trade and the Late Bronze Age Aegean*, Oxford: Tempus Reparatum.

Cohen, G. M. 1995. *The Hellenistic Settlements in Europe, the Islands, and Asia Minor*, Berkeley: University of California Press.

Coldstream, J. N. 1968. *Greek Geometric Pottery: A Survey of Ten Local Styles and Their Chronology*, London: Methuen.

——. 1969. "The Phoenicians of Ialysos." *Bulletin of the Institute of Classical Studies*, 16: 1–8.

Cook, H. M. 1962. *The Greeks in Ionia and the East*, London: Thames and Hudson.

Cook, E. F. 2004. "Near Eastern Source for the Palace of Alkinoos." *American Journal of Archaeology*, 108: 43–77.

Courbin, P. 1974. "Ras el Bassit, Al Mina et Tell Sukas." *Revue Archéologique*, 1: 174–178.

Colin, R. 1980. "The Great Tradition versus the Great Divide: Archaeology as Anthropology?" *American Journal of Archaeology*, 84: 287–298.

Culican, W. 1966. *The First Merchant Venturers: Ancient Levant in History and Commerce*, London: Thames and Hudson.

David, J. K. 1978. *Democracy and Classical Greece.* California: Stanford University Press.

Davis, W. M. 1981. "Egypt, Samos and the Archaic Style in Greek Sculpture." *The Journal of Egyptian Archaeology*, 67: 61–81.

Day, J. 1938. "The Letters of Cadmus." Paper Summary in "Thirty-Ninth General Meeting of the Archaeological Institute of America." *American Journal of Archaeology*, 42 (1): 125.

De Anglis, F. 1998. "Ancient Past, Imperial Present: The British Empire in T. J. Dunbabin's *The Western Greeks*." *Antiquity*, 72: 539–549.

Decharme, P. 1906. *Euripides and Spirit of His Dramas*, New York: Kennikat Press.

Demand, N. H. 2011. "The Late Bronze Age Collapse and Its Aftermath." *The Mediterranean Context of Early Greek History*, Chichester: Wiley-Blackwell.

Dench, E. 1995. *From Barbarians to New Men*, Oxford: Oxford University Press.

Descoeudres J. P. 2002. "Al Mina Across the Great Divide." *Mediterranean Archaeology*, 15: 49–72.

——. 2008. "Central Greece on the Eve of the Colonisation Movement." Tsetskhladze G. R. ed., *Greek Colonisation: An Account of Greek Colonies and other Settlements Overseas Vol. II*, Leiden: Brill.

Dezsö, T. 1998. *Oriental Influence in the Aegean and Eastern Mediterranean Helmet Traditions in the 9th–7th Centuries BC: The Patterns of Orientalization*, Oxford: Archaeopress.

Dickinson, O. 2006. *The Aegean from Bronze Age to Iron Age: Continuity and Change between the Twelfth and Eighth Centuries B.C*, London: Routledge.

Diener, A. S. 2017. *The Orientalising Phenomenon on Crete, 9th–7th Centuries BC*, Oxford: Oxford University Press.

Dietrich, B. 1997. "From Knossos to Homer." Lloyd, A. B. ed., *What Is a God? Studies in the Nature of Greek Divinity*, London: Duckworth in Association with the Classical Press of Wales.

Dihle, A. 1970. *Studien zur griechischen Biographie*, Göttingen: Vandenhoeck and Ruprecht.

Dillery, J. 1995. *Xenophon and the History of His Times*, London: Routledge.

Diringer, D. 1968. *The Alphabet: A Key to the History of Mankind*, New York: Funk and Wagnalls.

Donaldson, J. W. 2009. *The Theatre of the Greeks: A Series of Papers Relating to the History and Criticism of the Greek Drama*, Cambridge: Cambridge University Press.

Dover, K. J. 1992. *Perception of the Ancient Greeks*, Oxford: Blackwell.

Dunbabin, T. J. 1957. *The Greeks and Their Eastern Neighbours: Studies in the Relations between Greece and the Countries of the Near East in the Eighth and Seventh Centuries BC*, London: Society for the Promotion of Hellenic Studies.

——. 1999. *The Western Greeks: The History of Sicily and South Italy from the Foundation of the Greek Colonies*, Oxford: Clarendon Press.

Edwards, R. B. 1979. *Kadmos the Phoenician: A study in Greek Legends and the Mycenaean Age*, Amsterdam: Adolf M. Hakkert.

Edwards, R. B. and Edwards, G. P. 1974. "Eratosthenes and the Date of Cadmus." *The Classical Review*, 24 (2): 181−182.

Edwin, M. Y. 1967. *Greece and Babylon: Early Contacts between the Aegean and the Near East*, Grand Rapids: Baker Book House.

Effenterre, H. V. 1980. *Le palais de Mallia et la cité minoenne: étude de synthèse*, Roma: Edizioni dell'Ateneo.

——. 1985. *La cité grecque: des origines à la défaite de Marathon*, Paris: Hachette littérature.

Ehrenberg, V. 1937. "When Did the Polis Rise." *Journal of Hellenic Studies,* 57: 147−159.

Ephal, I. and Naveh, J. 1989. "Hazael's Booty Inscriptions." *Israel Exploration Journal*, 39 (3/4): 192−200.

Erich, S. G. 2011. *Rethinking the Other in Antiquity*, Princeton: Princeton University Press.

Farnell, L. R. 1907. *The Cults of the Greek States Vol. IV*, Oxford: Clarendon Press.

Figueira, T. J. 1984. "Karl Polanyi and Ancient Greek Trade: The Port of Trade." *The Ancient World*, 10: 15−30.

Finkelberg, M. 2000. "The Cypria, the Iliad, and the Problem of Multiformity in Oral and Written Tradition." *Classical Philology*, 95: 1−11.

Finley, M. I. 1957. "Homer and Mycenae: Property and Land Tenure." *Histora,* 6 (2): 133−159.

——. 1985. *The Ancient Economy*, London: Hogarth.

——. 1991. *The World of Odysseus*, London: the Penguin Groups.

Foxhall, L. 1995. "Bronze to Iron: Agricultural Systems and Political Structures in Late Bronze Age and Early Iron Age Greece." *The Annual of the British School at Athens*, 90: 239−250.

Ganor, N. R. 2009. *Who Were the Phoenicians?* Glil Yam: Kotarim International Publishing.

Gomme, A. W. 1913. "The Legend of Cadmus and the Logographi." *The Journal of Hellenic Studies*, 33: 53−72.

Good, I. 1995. "On the Question of Silk in Pre-Han Eurasia (China's Han Dynasty)." *Antiquity*, 69 (266): 958−968.

Graham, A. J. 1971. "Patterns in Early Greek Colonization." *Journal of Hellenic Studies*, 91: 35−47.

——. 1978. "The Foundation of Thasos." *The Annual of the British School at Athens*, 73: 61−98.

——. 2000. "Thasos: The Topography of the Ancient City." *The Annual of the British School at Athens*, 95: 301−327.

——. (1986) 2001. "The Historical Interpretation of Al Mina." Graham, A. J. ed., *Collected Papers on Greek Colonization*, Leiden: Brill.

Granger Taylor, H. and Wild, J. P. 1981. "Some Ancient Silk from the Crimea in the British Museum." *The Antiquaries Journal*, 61 (2): 302−306.

Gunter, A. C. 2009. *Greek Art and the Orient*, Cambridge: Cambridge University Press.

Guthrie, W. K. C. 1985. *The Greeks and Their Gods*, New York: Beacon Press.

Hägg, R. 1983. *The Greek Renaissance of the Eighth Century BC: Tradition and Innovation*, Stockholm: Svenska institutet I Athen.

Hall, J. 2007. *A History of the Archaic Greek World, Ca. 1200−479 BC*, Oxford: Blackwell.

Hamilton, C. D. 1991. *Agesilaus and the Failing of Spartan Hegemony*, Ithaca: Cornell University Press.

Hamilton, E. 1958. *The Greek Way*, New York: W. W. Norton and Company.

Hammond, N. G. L. (1959) 1967. *A History of Greece to 322 B.C.*, Oxford: Clarendon Press.

Hansen, M. H. 1997. "The Copenhagen Inventory of *Poleis* and the Lex Hafniensis de Civitate." Mitchell, L. G. and Rhodes, P. J. eds., *The Development of the Polis in Archaic Greece*, London: Routledge.

Harris, W. V. 2005. *Rethinking the Mediterranean*, Oxford: Oxford University Press.

Harrison, T. E. H. 2000. *The Emptiness of Asia: Aeschylus' Persians and the History of the Fifth Century*, London: Duckworth.

Hart, J. 1982. *Herodotus and Greek History*, London: Croom Helm.

Haubold, J. 2001. "Greek Epic: A Near Eastern Genre?" *Proceedings of the Cambridge Philological Society*, 48: 1–19.

Herman, M. and Nielsen, T. H. 2004. *An Inventory of Archaic and Classical Poleis*, New York: Oxford University Press.

Hobson, R. L. 1937. "The Later Al Mina Pottery." *The British Museum Quarterly*, 11 (3): 115–116.

Indelicato, S. D. 1982. *Piazza pubblica e palazzo nella Creta Minoica*, Roma: Jouvence.

James, G. G. (1954) 2001. *Stolen Legacy: Greek Philosophy is Stolen Egyptian Philosophy*, New Jersey: Africa World Press.

Janko, R. 1994. *The Iliad: A Commentary. Vol. 4: Books 13–16*, Cambridge: Cambridge University Press.

Jeffery, L. H. and Morpurgo-Davies, A. 1970. "Ποινιχαστάς and Ποινιχάζεν: BM 1969. 4-2.1. A New Archaic Inscription from Crete." *Kadmos*, 9: 118–154.

Johnston, A. 1993. "Pottery from Archaic Building Q at Kommos." *Hesperia: The Journal of the American School of Classical Studies at Athens*, 62 (3): 339–382.

Kearsley, R. A. 1989. *The Pendent Semi-Circle Skyphos: A study of its Development and Chronology and an Examination of it as Evidence for Euboean Activity at Al Mina*, London: University of London.

———. 1995. "The Greek Geometric Wares From Al Mina Levels 10–8 and Associated Pottery." *Mediterranean Archaeology*, 8: 7–81.

Kelder, J. M. 2009. "Royal Gift Exchange between Mycenae and Egypt: Olives as 'Greeting Grifts' in the Late Bronze Age Eastern Mediterranean." *American Journal of Archaeology*, 113: 339–352.

———. 2010. "The Egyptian Interest in Mycenaean Greece." *Jaarbericht van het Vooraziatisch-Egyptisch Genootschap "Ex Oriente Lux"*, 42: 125–140.

Kennedy, G. 1963. *The Art of Persuation in Greece*, Princeton: Princeton University Press.

Kern, O. 1926. *Die Religion der Griechen*, Berlin: Weidmannsche Buchhandlung.

Knorringa, H. 1987. *Emporos: Data on Trade and Trader in Greek Literature from Homer to*

Aristotle, Chicago: Ares.

Kohl, P. L. and Lamberg-Karlovsky, C. C. 1981. *The Bronze Age Civilization of Central Asia: Recent Soviet Discoveries*, Armonk: M. E. Sharpe.

Kopcke, G. and Tokumaru, I. 1992. *Greece between East and West 10th–8th Centuries BC*, Mainz: Verlag Philipp von Zabern.

Lang, F. 2007. "House-community-settlement: The New Concept of Living in Archaic Greece." *British School at Athens Studies*, 15:183–193.

Langdon, S. 1923. *The Babylonian Epic of Creation: Restored from the Recently Recovered Tablets of Aššur*, Oxford: The Clarendon Press.

Larsen, M. T. 1976. *The Old Assyrian City-States and its Colonies*, Copenhagen: Akademisk Forlag.

Larson, J. 2007. *Ancient Greek Cults: A Guide*, New York: Routledge.

Linders, T. 1972. *Studies in the Treasure Records of Artemis Brauronia Found in Athens*, Stockholm: Svenska Institutet I Athen.

Lipiński, E. 2004. *Itineraria Phoenicia*, Leuven: Peeters.

López-Ruiz, C. 2010. *When the Gods Were Born: Greek Cosmogonies and the Near East*, Cambridge, Mass.: Harvard University Press.

Louden, B. 2011. *Homer's Odyssey and the Near East*, Cambridge: Cambridge University Press.

Lubec, G., et al. 1993. "Use of Silk in Ancient Egypt." *Nature (London)*, 362 (6415): 25.

Luce, J. V. 1978. "The 'Polis' in Homer and Hesiod." *Proceedings of the Royal Irish Academy: Archaeology, Culture, History, Literature*, 78: 1–15.

Luke, J. 2003. *Ports of Trade, Al Mina, and Geometric Greek Pottery in the Levant*, Oxford: Archaeopress.

Malkin, I. 1987. *Religion and Colonization in Ancient Greece*, Leiden: Brill.

——. 1994. *Myth and Territory in the Spartan Mediterranean*, Cambridge: Cambridge University Press.

——. 2003. "Networks and the Emergence of Greek Identity." *Mediterranean Historical*

Review, 18 (2): 56−74.

——. 2011. *A Small Greek World: Network in the Ancient Mediterranean*, Oxford: Oxford University Press.

Mandell, S. 1994. "The Orientalizing Revolution: Near Eastern Influence on Greek Culture in the Early Archaic Age by Walter Burkert." *The Classical World*, 87 (6): 517.

Margariti, C. 2011. "Recent Analyses of the Excavated Textile Find from Grave 35 HTR73, Kerameikos cemetery, Athens, Greece." *Journal of Archaeological Science*, 38 (3), 522−527.

Margariti, C. and Kinti, M. 2014. "The Conservation of a 5th-Century BC Excavated Textile Find from the Kerameikos Cemetery at Athens." Harlow, M. and Nosch, M. L eds., *Greek and Roman Textiles and Dress*, Havertown: Oxbow Books.

Markoe, G. 1996. "The Emergence of Orientalizing in Greek Art: Some Observations on the Interchange between Greeks and Phoenicians in the Eighth and Seventh Centuries B C." *Bulletin of the American Schools of Oriental Research*, 301: 47−67.

Millard, A. R. and Lambert, W. G. eds. 1969. *Atra-Ḫasīs: The Babylonian Story of the Flood*, Oxford: Clarendon Press.

Miller, M. C. 1997. *Athens and Persia in the Fifth Century BC: A Study in Cultural Receptivity*, Cambridge: Cambridge University Press.

Milne, J. G. 1939. "Trade between Greece and Egypt before Alexander the Great." *The Journal of Egyptian Archaeology*, 25 (2): 177−183.

Möller, A. 2000. *Naukratis: Trade in Archaic Greece*, Oxford: Oxford University Press.

Morgan, C. 2003. *Early Greek States beyond the Polis*, London: Routledge.

Morris, I. 1987. *Burial and Ancient Society: The Rise of the Greek City-State*, Cambridge: Cambridge University Press.

——, 2006. "The Growth of Greek Cities in the First Millennium BC." Storey, G. R. ed., *Urbanism in the Preindustrial World: Cross-Cultural Approaches*, Tuscaloosa: University of Alabama Press.

——. (2005) 2013. "The Eighth-Century Revolution." Raaflaub, K. A. and Wee, H. V. eds., *A*

Companion to Archaic Greece, Oxford: Blackwell.

Morris, I. and Powwell, B. B. 2013. *The Greeks: History, Culture, and Society*, New York: Pearson Prentice Hall.

Morris, S. 1992. *Daidalos and the Origins of Greek Art*, Princeton: Princeton University Press.

——. 1997. "Homer and the Near East." Morris, I. and Powell, B. B. eds., *A New Companion to Homer*, Leiden: Brill.

Muhly, J. D., Wheelert, T. S. and Maddint, R. 1976. "A Steel Tool of the Fourth Century B. C. from Al Mina in Syria." *Levant*, 8: 107−112.

——. "An Iron Adze of the Fifth-Fourth Centuries BC from Al Mina." *Levant*, 9: 156−161.

Murray, G. 1906. *A History of Ancient Greek Literature*, New York: Appleton and Company.

Murray, O. 1993. *Early Greece*, Cambridge, Mass.: Harvard University Press.

Mylonas, G. E. 1966. *Mycenae and the Mycenaean Age*, Princeton: Princeton University Press.

Myres, J. 1930. *Who Were the Greeks?* Berkeley: University of California Press.

Mylona, D. 2003. "Fishing in Late Antiquity: The Case of Itanos, Crete." *British School at Athens Studies*, 9: 103−110.

Nagy, G. 1994. "The Name of Apollo: Etymology and Essence." Solomon, J. ed., *Apollo: Origins and Influences*, Tucson: University of Arizona Press.

Nixon, I. G. 1968. *The Rise of the Dorians*, Puckeridge: The Chancery Press.

Neumann, G. 1985. "Die orientalisierende Epoche in der griechischen Religion und Literatur by Walter Burkert." *Zeitschrift für vergleichende Sprachforschung*, 98 (2): 304−306.

Niemeier, W. D. 2001. "Archaic Greeks in the Orient: Textual and Archaeological Evidence." *Bulletin of the American Schools of Oriental Research*, 322: 11−32.

Ober, J. 1989. *Mass and Elite in Democratic Athens*, Princetion: Princeton University Press.

Ogden, D. 2007. *A Companion to Greek Religion*, Oxford: Blackwell.

Osborne, R. 1996. *Greece in the Making: 1200−479 BC*, London: Routledge.

——. 1998. "Early Greek Colonization? The Nature of Greek Settlement in the West." Nick,

F. and Wee, H. V. eds., *Archaic Greece: New Approaches and New Evidence*, London: Duckworth with The Classical Press of Wales.

———. 2005. "Urban Sprawl: What is Urbanization and Why does it Matter." Osborne, R. and Cunliffe, B. eds., *Mediterranean Urbanization: 800–600 BC*, Oxford: Oxford University Press.

Panagiotakopulu, E., et al. 1997. "A Lepidopterous Cocoon from Thera and Evidence for Silk in the Aegean Bronze Age." *Antiquity*, 71 (272), 420–429.

Parke, H. W. 1977. *Festivals of the Athenians*, London: Thames and Huson Ltd.

Parker, R. 2011. *On Greek Religion*, Ithaca: Cornell University Press.

Pelling, C. 1997. *Greek Tragedy and the Historian*, Oxford: Oxford University Press.

Peltenburg, E. J. 1969. "Al Mina Glazed Pottery and Its Relations." *Levant*, 2: 73–96.

Penglase, C. 1997. *Greek Myths and Mesopotamia: Parallels and Influence in the Homeric Hymns and Hesiod*, London: Routledge.

Petrie, W. M. F. 1886. *Naukratis*, London: Trübner.

Pfeiffer, R. 1976. *History of Classical Scholarship from 1300 to 1850*, Oxford: Oxford University Press.

Polanyi, K. 1963. "Ports of Trade in Early Societies." *The Journal of Economic History*, 23 (1): 30–45.

———. 1968. *Primitive, Archaic, and Modern Economies*, Garden City: Anchor Books.

Polignac, F. D. 1995. *Cults, Territory, and the Origins of the Greek City-State*, Chicago: University of Chicago Press.

Popham, M., Hatcher, H. and Pollard, A. M. 1980. "Al Mina and Euboea." *The Annual of the British School at Athens*, 75: 151–161.

———. 1983. "Euboean Exports to Al Mina, Cyprus, and Crete: A Reassessment." *The Annual of the British School at Athens*, 78: 281–290.

Popham, M. R., Touloupa, E. and Sackett, L. H. 1982. "Further Excavation of the Toumba Cemetery at Lefkandi, 1981." *Annual of the British School at Athens,* 77: 213–248.

Purcell, N. 2006. "Orientalizing: Five Historical Questions." Riva, C. and Vella, N. C. eds.,

Debating Orientalization, London: Equinox Publishing.

——. 2019. "The Ancient Mediterranean: The View from the Customs House." Horden, P. and Purcell, N. eds., *The Boundless Sea: Writing Mediterranean History*, London: Routledge.

Raaflaub, K. A. 1997. "Homeric Society." Morris, I. and Powell, B. B. eds., *New Companion to Homer*, Leiden: Brill.

——. 1998. "Influence, Adaptation, and Interaction: Near Eastern and Early Greek Political Thought." Aro, S. and Whiting, R. M. eds., *The Heirs of Assyria: Proceedings of the Opening Symposium of the Assyrian and Babylonian Intellectual Heritage Project Held in Tvärminne, Finland, October 8−11, 1998*, Helsinki: Neo-Assyrian Text Corpus Project.

Raaflaub, K. A. and Wees, H. V. 2013. *A Companion to Archaic Greece*, Oxford: Blackwell.

Ridgway, D. 1973. "The First Western Greeks: Campanian Coasts and Southern Etruria." Hawkes, C. F. C ed., *Greeks, Celts and Romans*, Lanham: Rowman and Littlefield.

Renfrew, C. 1980. "The Great Tradition versus the Great Divide: Archaeology as Anthropology?" *American Journal of Archaeology*, 84 (3): 287−298.

Richter, G. M. A. 1929. "Silk in Greece." *American Journal of Archaeology*, 33 (1), 27−33.

Riis, P. J. 1970. *Sukas I: The North-East Sanctuary and the First Settling of Greeks in Syria and Palestine*, Copenhagen: Munksgaard.

Riva, C. and Nicholas, C. V. 2006. *Debating Orientalization: Multidisciplinary Approaches to Change in the Ancient Mediterranean*, London: Equinox.

Robertson, M. 1940. "The Excavations at Al Mina, Suweidia. IV. The Early Greek Vases." *The Journal of Hellenic Studies*, 60: 1−21.

Rose, H. J. 1928. *A Handbook of Greek Mythology: Including Its Extension to Rome*, London: Methuen.

Rostovtzeff, M. I. 1941. *The Social and Economic History of the Hellenistic World*, Oxford: Oxford University Press.

Rowe, C. and Schofield, M. 2000. *The Cambridge History of Greek and Roman Political Thought*, Cambridge: Cambridge University Press.

Said, E. W. 1978. *Orientalism*, New York: Pantheon Books.

Saltz, D. L. 1978. *Greek Geometric Pottery in the East: The Chronological Implications*, Cambridge, Mass.: Harvard University Press.

Sandys, J. E. 1921. *A History of Classical Scholarship*, Cambridge: Cambridge University Press.

Sasson, J. M. 1995. *Civilizations of the Ancient Near East*, New York: Scribner.

Schweitzer, B. 1971. *Greek Geometric Art*, Translated by Usborne, P. and Usborne, C. London: Phaidon.

Seybold, K. and Ungern-Sternberg, J. V. 1993. "Amos und Hesiod. Aspekte eines vergleichs." Raaflaub, K. A. and Müller-Luckner, E. eds., *Anfänge politischen Denkens in der Antike: Die nahöstlichen Kulturen und die Griechen*, Boston: Oldenbourg.

Shaw, J. W. 1998. "Kommos in Southern Crete: An Aegean Barometer for East-West Interconnections." Karageorghis, V. and Stampolidis, N. C. eds., *Eastern Mediterranean: Cyprus-Dodecanese-Crete, 16th−6th Century BC*, Athens: University of Grete and The A. G. Leventis Foundation.

Sidney, S. 1940. *Alalakh and Chronology*, London: Luzac.

——. 1942. "The Greek Trade at Al Mina: A Footnote to Oriental History." *Antiquaries Journal*, 22: 87−112.

Snell, D. C. 2005. *A Companion to the Ancient Near East*, Oxford: Blackwell.

Snodgrass, A. M. 1980. *Archaic Greece: The Age of Experiment*, Berkeley: University of California Press.

——. 1987. *An Archaeology of Greece*, Berkeley: University of California Press.

——. 1994. "The Nature and Standing of the Early Western Colonies." Tsetskhladze, G. R. and De Angelis, F. eds., *The Archaeology of Greek Colonisation: Essays Dedicated to Sir John Boardman*, Oxford: Oxford University Committee for Archaeology.

——. (1977) 2006. *Archaeology and the Rise of the Greek City State*, Cambridge: Cambridge University Press. Reprinted in *Archaeology and the Emergence of Greece: Collected Papers on Early Greece and Related Topics (1965−2002)*, Edinburgh: Edinburgh

University Press.

Spencer, N. 1995. *Time, Tradition and Society in Greek Archaeology: Bridging the "Great Divide"*, London: Routledge.

Starr, C. G. 1962. *The Origins of Greek Civilization, 1100–650 BC*, New York: Alfred A. Knopf.

——. 1986. *Individual and Community: The Rise of the Polis, 800–500 BC*, Oxford: Oxford University Press.

Stuart, I. 2007. "Crossing the Great Divide." *Historical Archaeology*, 41 (2): 46–53.

Taylor, P. 1959. "The Cypriot and Syrian Pottery from Al Mina, Syria." *Iraq*, 21: 62–92.

Thomson, C. G. 1968. *Aeschylus and Athens: A Study in the Social Origins of Drama*, New York: Grosset & Dunlap.

——. 1994. "The Orientalizing Revolution: Near Eastern Influence on Greek Culture in the Early Archaic Age by Walter Burkert; Margaret E. Pinder." *The American Historical Review*, 99 (1): 202–203.

Thomas, C. G. and Conant, C. 1999. *Citadel to City-State: The Transformation of Greece, 1200–700 BC*, Bloomington: Indiana University Press.

Treister, M. Y. 1995. "North Syrian Metalworkers in Archaic Greek Settlements?" *Oxford Journal of Archaeology*, 14: 159–178.

Tsirkin, J. B. 2001. "Canaan. Phoenicia. Sidon." *Aula Orientalis*, 19: 271–279.

Ullman, A. L. 1927. "The Origin and Development of the Alphabet." *American Journal of Archaeology*, 31: 311–328.

Ure, A. D. 1959. "Linear B at Larissa." *Bulletin of the Institute of Classical Studies*, 6: 73–75.

Vacek, A. 2017. "Al Mina and Changing Patterns of Trade: the Evidence from the Eastern Mediterranean." Charalambidou, X. and Morgan, C. eds., *Interpreting the Seventh Century BC: Tradition and Innovation*, Oxford: Archaeopress.

Walcot, P. 1986. "Die orientalisierende Epoche in der griechischen Religion und Literatur by Walter Burkert." *The Classical Review*, 36 (1): 151.

Walton, M. S., et al. 2009. "Evidence for the Trade of Mesopotamian and Egyptian Glass to Mycenaean Greece." *Journal of Archaeological Science*, 36: 1496–1503.

Waldbaum, J. C. 1997. "Greeks in the East or Greeks and the East? Problems in the Definition and Recognition of Presence." *Bulletin of the American Schools of Oriental Research*, 305: 1−17.

Weber, H. 1969−1970. "Coae Vestes." *Istanbuler Mitteilungen*, Vol. 19/20: 249−253.

Webster, G. S. 1994. "The Phoenicians and West: Politics, Colonies and Trade." *American Anthropologist*, 96 (3): 771−772.

Werlings, M. J. 2010. *Le dèmos avant la démocratie: Mots, concepts, réalités historiques*, Nanterre: Presses universitaires de Paris Ouest.

West, D. R. 1990. *Some Cults of Greek Goddesses and Female Daemons of Oriental Origin, Especially in Relation to the Mythology of Goddesses and Daemons in the Semitic World*, Glasgow: Glasgow University.

West, M. L. 1986. "Die orientalisierende Epoche in der griechischen Religion und Literatur by W. Burkert." *The Journal of Hellenic Studies*, 106: 233−234.

——. 1997. *The East Face of Helicon: West Asiatic Elements in Greek Poetry and Myth: West Asiatic Elements in Greek Poetry and Myth*, Oxford: Oxford University Press.

——. (1971) 2002. *Early Greek Philosophy and the Orient*, Oxford: Oxford University Press.

Wilamowitz-Moellendorff, U. V. 1908. Translated by Murray, G., *Greek Historical Writing and Apollo: Two Lectures Delivered before the University of Oxford June 3 and 4*, Oxford: Clarendon Press.

Wilson, J. P. 1997. "The Nature of Overseas Greek Settlements in the Archaic Greek Period: *Emporion* or *Apoikia*?" Mitchell, L. G. and Rhodes, P. J. eds., *The Development of the Polis in Archaic Greece*, London: Routledge.

Woodhead, A. G. 1959. *The Study of Greek Inscriptions*, Cambridge: Cambridge University Press.

Woody, J. 1975. *Literacy in Traditional Societies*, Cambridge: Cambridge University Press.

Woolley, L. 1937. "Excavations near Antioch in 1936." *The Antiquaries Journal*, 17: 1−15.

——. 1938. "The Excavations at Al Mina, Sueidia [I & II]." *The Journal of Hellenic Studies*, 58: 1−30, 133−170.

Yates, J. 1843. *Textrinum Antiquorum: An Account of the Art of Weaving among the Ancients. Part 1. On the Raw Materials Used for Weaving*, London: Taylor and Walton.

二、中文译著

爱德华·W. 萨义德:《东方学》,王宇根译,生活·读书·新知三联书店,1999年。

安德列耶夫:《斯巴达是城邦的一种类型》,施治生译,廖学盛校,中国世界古代史学会编:《古代世界城邦问题译文集》,时事出版社,1985年。

奥斯温·默里:《早期希腊》,晏绍祥译,上海人民出版社,2008年。

村山节、浅井隆:《东西方文明沉思录》,平文智等译,中国国际广播出版社,2000年。

大卫·阿布拉菲亚:《伟大的海:地中海人类史》,徐家玲等译,社会科学文献出版社,2018年。

费尔南·布罗代尔:《地中海与菲利普二世时期的地中海世界》,唐家龙、曾培耿、吴模信译,商务印书馆,2013年。

戈岱司:《希腊拉丁作家远东古文献辑录》,耿昇译,中华书局,1987年。

格雷戈里·纳吉:《荷马诸问题》,巴莫曲布嫫译,广西师范大学出版社,2005年。

简·艾伦·赫丽生:《希腊宗教研究导论》,谢世坚译,广西师范大学出版社,2006年。

凯瑟琳·乐维:《古希腊喜剧艺术》,傅正明译,北京大学出版社,1988年。

科琳娜·库蕾:《古希腊的交流》,邓丽丹译,广西师范大学出版社,2005年。

马丁·贝尔纳:《黑色雅典娜:古典文明的亚非之根》(第一卷:构造古希腊1785—1985),郝田虎、程英译,吉林出版集团·北京汉阅传播,2011年。

佩里格林·霍登、尼古拉斯·珀塞尔:《堕落之海:地中海史研究》,吕厚量译,中信出版社,2018年。

让-皮埃尔·韦尔南:《希腊思想的起源》,秦海鹰译,生活·读书·新知三联书店,1996年。

瓦尔特·伯克特:《东方化革命:古风时代前期近东对古希腊文化的影响》,刘智译,上海三联书店,2010年。

——《希腊文化的东方语境:巴比伦·孟斐斯·波斯波利斯》,唐卉译,社会科学文献出版社,2015年。

威廉·雷姆赛:《希腊文明中的亚洲因素》,孙晶晶译,大象出版社,2013年。

维拉莫维兹:《古典学的历史》,陈恒译,生活·读书·新知三联书店,2008年。

伊莱德·马尔金:《网络与希腊认同的兴起》,李永斌译,《全球史评论》,2015年第2期。

约翰·迈尔斯·弗里:《口头诗学:帕里-洛德理论》,朝戈金译,社会科学文献出版社,2000年。

詹姆斯·弗雷泽:《金枝》,徐育新、汪培基、张泽石译,新世界出版社,2006年。

三、中文论著

陈恒:《略论古希腊文明中的东方因素》,《上海师范大学学报》(哲学社会科学版),2004年第1期。

陈中梅:《神圣的荷马:荷马史诗研究》,北京大学出版社,2008年。

顾准:《希腊城邦制度》,中国社会科学出版社,1982年。

黄民兴:《试论古代两河流域文明对古希腊文化的影响》,《西北大学学报》(哲学社会科学版),1999年第4期。

黄洋:《古代希腊土地制度研究》,复旦大学出版社,1995年。

——《古代希腊土地私有制的确立与城邦制度的形成》,《复旦学报》(社会科学版),1995年第1期。

——《试论荷马社会的性质与早期希腊国家的形成》,《世界历史》,1997年第4期。

——《希腊城邦的公共空间与政治文化》,《历史研究》,2001年第5期。

——《古代希腊罗马文明的"东方"想像》,《历史研究》,2006年第1期。

——《希腊史研究入门》,黄洋、晏绍祥著,北京大学出版社,2009年。

——《古典希腊理想化:作为一种文化现象的Hellenism》,《中国社会科学》,2009年第2期。

——《迈锡尼文明、"黑暗时代"与希腊城邦的兴起》,《世界历史》,2010年第3期。

李永斌:《评威廉·哈里斯(编)〈重新思考地中海〉》,《全球史评论》,2015年第2期。

——《古风时代早期希腊与东方的文明交流图景》,《历史研究》,2018年第6期。

——《地中海共同体视野中的荷马史诗与古代东方文学传统》,《历史教学》,2019年第14期。

廖学盛:《试论城邦的历史地位和结构》,《世界历史》,1986年第6期。

吴于廑:《希腊城邦的形成和特点》,《历史教学》,1957年6月号。

吴于廑、齐世荣主编:《世界史·古代史编》(上卷),高等教育出版社,2011年。

夏继果:《20世纪80年代中期以来的地中海史研究》,"作为一个世界史研究单元的地中海世界"学术研讨会资料集,首都师范大学,2019年。

解光云:《古典时期的雅典城市研究:作为城邦中心的雅典城市》,中国社会科学出版社,2006年。

徐晓旭:《论古代希腊的自耕农》,《世界历史》,2002年第5期。

——《古代希腊人的民族概念》,《世界民族》,2004年第2期。

——《古希腊语与古希腊文化》,《华中师范大学学报》,2004年第4期。

——《希腊人和蛮族人:一对不断被修改的画像》,《历史研究》,2014年第6期。

——《谱系神话中的他者:来自轴心时代希腊和中国的案例》,《轴心时代与世界历史学术研讨会论文集》,首都师范大学文明区划研究中心,2014年11月。

徐晓旭、蔡丽娟:《古代希腊城邦的形成》,《史学集刊》,2008年第3期。

晏绍祥:《20世纪的古代希腊经济史研究》,《史学理论研究》,1998年第4期。

——《荷马时代的"polis"》,《历史研究》,2004年第2期。

——《荷马社会研究》,上海三联书店,2006年。

——《古风时代希腊社会经济发展的几个问题》,《华中师范大学学报》(人文社会科学版),2009年第3期。

——《古典历史研究史》,北京大学出版社,2013年。

——《波斯帝国的"专制"与"集权"》,《古典文明》,2014年第3期。

——《冲突与调适——埃斯库罗斯的悲剧中的城邦政治》,《政治思想史》,2015年第1期。

——《从迈锡尼世界到荷马时代:希腊城邦的兴起》,《外国问题研究》,2016年第2期。

杨巨平:《希腊文明的形成、影响与古代诸文明的交叉和渗透》,《陕西师范大学学报》(哲学社会科学版),1998年第3期。

——《希腊式钱币的变迁与古代东西方文化交融》,《北京师范大学学报》(社会科学版),2007年第6期。

后 记

这本书稿算是我从博士毕业以来学术生涯的一个阶段性小结。2009年9月，我还是北京师范大学历史学院的一名博士研究生，写了一篇文章《阿波罗崇拜起源考》，并投稿到《历史研究》。在反复修改这篇文章的过程中，外审专家和编辑老师认为，作为一个中国的博士研究生，研究阿波罗崇拜的起源，最多只不过是能够在综合国外学术界研究成果的基础上做一些细节性的考据工作，很难有什么新意。因此，在编辑老师的建议下，我从文明交流的角度来探讨阿波罗崇拜的起源和传播问题。这是我的学术生涯中关注文明交流的一个起点。

在此之后，我就开始注意思考古代希腊与东方文明的交流互动问题。最开始，我思考的主要是一些概念性的问题，写了一篇论文，套用了萨义德《东方学》中的一个章节标题《想象的地理及其表述形式：东方化东方》，给我的论文定题为《希腊东方化革命：想象的概念及其表述形式》。我拿着论文回到北师大，和导师郭小凌老师以及在读的博士硕士同学们一起讨论。郭老师指出，这篇文章厘清了"东方化革命"这个概念的学术源流和这一概念出现的社会政治背景，也指出了这个概念在某些方面的不准确性，但仍然只是就概念论概念，这还远远不够，还需要切实研究希腊文明在哪些方面"东方化"了,"化"到什么程度了,哪些方面没有"东方化",只有在翔实可靠的史料基础上讨论具体问题,然后再来讨论概念问题,才能够有说服力。经过两年左右的修改,这篇论文最终以《古典学与东方学的碰撞:古希腊"东方化革命"的现代想象》为题发表在《中国社会科学》2014年第10期。

在写作有关东方化革命这篇论文的同时,我申请了2014年度国家社科基金项目"希腊'东方化时代'研究",计划系统地研究公元前750至前650年希腊与东方的文明交流互动问题。但是随着研究的逐渐深入,由于缺乏古代东方相关语言的基础,很多研究就只能是参考和借鉴国际学术界已有的研究成果,很难形成自己独特的研究。因此,我下决心进行研究转向,主要集中在希腊本土历史发展问题,尤其是开始重新思考希腊城邦问题,先后写了《希腊城邦兴起的几种理论及其转向》《殖民运动与希腊城邦的兴起》等论文。但是在写作这两篇论文的时候,发现希腊城邦的兴起也与同一时期希腊文明与周边文明的交流有着密切的联系,因此某种意义上可以说仍然还是在探讨文明交流的问题。

2017年,我获得了国家留学基金委资助,赴牛津大学古典学系访学一年,合作导师是主持勒夫坎迪考古发掘的勒莫斯(Irene Lemos)教授。我全程旁听了她在牛津大学开的一门课"希腊与地中海世界",从中受到了很多启发,尤其是关于考古材料的运用,于是撰写了《古风时代希腊与东方的文明交流图景》等论文。2019年,国家社科基金项目顺利结项。但基本上仍然是若干单篇文章的集合,并没能形成一个逻辑相对清晰的书稿。

感谢上海师范大学陈恒老师的举荐,商务印书馆上海分馆总编辑鲍静静老师于2020年将这部书稿纳入了"光启青年"学术出版计划。在我的硕士生、现就读于伦敦大学学院(UCL)的博士生李蓉的大力帮助下,我将此前发表的若干单篇论文拆散,重新按照书稿的形式组合起来,于是形成了现在这部书稿的模样。特别感谢责任编辑焦汉丰老师的认真审校编辑，指出了很多让人汗颜的基础性问题，也提了很多富有建设性的意见。当然，书稿中肯定还有很多疏漏和错误，这些都文责自负，希望读者朋友不吝赐教。

　　书稿交了，终于完成了一个拖了若干年的任务，但是也不免有些惆怅，当初制订的学术研究计划，完成得并不是特别好，只交出了这么薄薄的一本小书。回想这十多年的学术之路，要感谢的人很多很多。首先要感谢我的硕士导师田德全老师和博士导师郭小凌老师。田德全老师平易近人，对学生就像老父亲一样和蔼慈祥，在这样一种宽松宽容的氛围中，我在硕士期间基本上没有感受到什么压力和焦虑，可以相对轻松自由地进行学术入门的训练。在读博士期间，郭小凌老师一方面言传身教，给我们示范了什么样的研究是根基扎实而又高屋建瓴的学术研究，另一方面又给我们充分的自由，放手让我们自由选择研究主题和论文写作，使得我们能够在学术的海洋中自由地驰怀游目。我还要特别感谢亦师亦友的徐晓旭老师，徐老师学问渊博，见解独到，善于批判性思考而又宅心仁厚，我的很多论文框架和课题论证都是他帮助指导设计的，我们经常电话聊天一两个小时，基本上都是在交流学术问题。

　　从2010年博士毕业来到首都师范大学历史学院工作起，学院的前辈给予我非常多的关照和指导。当时，齐世荣先生年事已高，会面和交流次数极少，但令人感动的是，他临终前还在他发表论文的一期《首都师范大学学报》上写下"送给李永斌老师"几个字，这是我人生中最难忘的礼物之一。徐蓝老师每次见到我都会亲切地拍拍我的肩膀，问问情况，鼓励我努力钻研。刚参加工作的前几年，我有点想去研究"影视史学"，徐老师知道以后，专门拉着我说，"不要去搞那些时髦的东西，像晏老师那样扎扎实实在希腊史领域里深入耕耘吧！"郝春文老师也给了我诸多教诲。他当院长时，经常鼓励年轻老师要有志存高远的学术理想，勤奋踏实的学术态度。晏绍祥老师对我的论文写作倾心指导，我的几乎每一篇论文都要和晏老师进行多次讨论，论文初稿出来以后又请他多次审读。首师大历史学院和世界史学科优良的学术传统，团结而又自由的集体氛围，为我们青年老师提供了一个安心做学问、用心教学生的平台和环境。在学术研究、教学活动和日常生活中，很多老师都曾给过我很多帮助和鼓励，尤其是世界史"青椒"群体，我们经常一起共同探讨，在很多问题上深受启发，在此一并致谢。感谢历届希腊罗马史方向的研究生，我的很多论文，都曾作为写作范例在研究生读书会上审读和讨论，同学们集思广益，碰撞出了很多思想的火花。

我要感谢我的父母和我的爱人。我经常说，我能够在学术上和教学上取得一点成绩，我的父母和爱人分别有三分之一的功劳。他们承担了大部分的家务劳动和照顾孩子的任务，我只需要陪伴孩子们玩耍就行，其他时间可以安心地进行教学和科研工作。我的爱人还经常帮助我校阅文稿，我的很多文章，第一个读者就是我的爱人。我的双胞胎孩子带给我最多的快乐和最大的满足感，平时工作累了，想着工作多抓紧一点，就能多一点时间陪伴孩子，就感觉到动力无穷。我还要特别感谢首师大教工篮球队和恩施养生篮球队，在相对单调的校园生活之外，有了一个可以彻底放松的精神家园，能够为经常疲乏的学术生活持续不断地充电续航。

李永斌

2022年7月31日

光启青年书目

（按出版时间排序）

《政治领袖与雅典民主——政治文化视角的深描》　李尚君　著

《希腊与东方——文明交流与互鉴》　　　　　李永斌　著

《真实与真理之间——早期基督教史学探析》　肖　超　著

本书是2014年度国家社科基金一般项目"希腊'东方化时代'研究"（批准号：14BSS035）最终成果